Profits en direct

Guide canadien de télémarketing

Profits en direct

Guide canadien de télémarketing

James Domanski

Avant-propos par Paul Poulin,
Conseiller principal

Éditions Grosvenor Inc.
Toronto ~ Montréal

Publié en collaboration avec Téléforce, une division de Telecom Canada

L'éditeur souhaite exprimer sa gratitude à **Téléforce** pour la subvention à l'éducation qui a rendu possible la publication du présent ouvrage.

Données de catalogage avant publication (Canada)

Domanski, James, 1955 -

Profits en direct

Publié en anglais sous le titre :
Direct Line to Profits: The Canadian Guide to Telemarketing
Comprend des références bibliographiques.
ISBN 0-919959-55-5

1. Telemarketing — Canada. 1. Titre.

HF5415.1265.D64 1991   658.8'4   C91-090137-6

Publié par :

Éditions Grosvenor inc.
1456, rue Sherbrooke ouest
3e étage
Montréal (Québec)
H3G 1K4

Grosvenor House Press Inc.
99 Queen Street East
Suite 302
Toronto, Ontario
M5C 1S1

Imprimé et relié au Canada sur papier recyclé

NOTES SUR L'AUTEUR

James Domanski est directeur du Développement de marché à Téléforce, groupe-conseil en télémarketing de Telecom Canada. Diplômé de l'Université Queen's, M. Domanski oeuvre depuis huit ans dans le domaine des télécommunications et du télémarketing, où il occupe une place de premier plan.

Conférencier au Canada et aux États-Unis, M. Domanski collabore régulièrement aux grandes publications d'affaires et de marketing qui paraissent dans le domaine du télémarketing en Amérique du Nord.

REMERCIEMENTS

La recherche, la compilation, la rédaction et la révision du présent ouvrage sont le fruit des efforts combinés de nombreuses personnes. J'aimerais remercier les personnes suivantes de leur précieuse collaboration et de leur soutien : George Nichols, Mal Inrig, Pierre Dupont, Larry Lucas, Rod Jacques, Garry Maher, Jacques Demers, Joe Johnston, Dave Bonnett, Robert Acoca, Jocelyn Boulanger, Ron Buffie, Gina Burella, Steve Burton, Cathy Buckingham, Burt Bellefeuille, Michel Cammisa, Louvain Chalmers, Pat Clarkson, Dudleigh Coyle, Marlene Custance, Sharon Dowd, Adele Descarie, Denise Fenton, Jim Fisher, Tim Edge, Shellie Fowlie, Sandy Freeman, Bobby French, Jean-Luc Geha, Mary Lou Hamilton, George Harvie, Raymond Hébert, Jim Johnston, Michael Lanteigne, Bob Lennox, Chris MacArthur, Nancy Major Krausz, Walt Kaslauskas, Craig Mason, Deborah Morden, Margaret Muirhead, Brian Mulhall, Gardner Munn, Mike O'Brien, Ken Ogelstone, George Opincariu, Winsome Parris, Fred Parry, Pierre Perreault, Ted Philp, Millie Power, Yves Raymond, Sheila Ritchie, Gord Ramsey, Kevin Overstrom, Paul Saum, Pat Spiers, David Suderman, Neil Sutherland, Chris Vanderven, Anna Warren, Terry Wright, Brenda Wilson, Paul Wilson, Grace Youmans et Debby Zicari.

En outre, j'aimerais souligner l'appui que m'ont apporté Frank Acolina, Bernie Frasson, John Anderson, Don Akenson, Karen Palmer, Gil Epneris du Service de courrier Loomis; Bob Van Voorhis et Ross Scovotti du Teleprofessional Magazine, Ron MacKenzie et Janice Waugh de Tele-Marketplace; Mark Morin de Direct Marketing Strategies; Gerry Brown de TeleMagic Canada Inc., Steve Higgins de la Banque Royale, John Upshall de CPM Hull Colvey, Art Sobczak de Business by Phone, le professeur Shawna O'Grady de l'Université Queen's; Ian Burgham, Rosa Harris-Adler, Joan Irving, Annie Behrens, Christine Oddie, Elsie Wagner et les autres membres du personnel des Éditions Grosvenor. Et à tous ceux que j'ai pu malencontreusement oublier, j'exprime mes remerciements sincères.

J.D.

CONSEIL CONSULTATIF

James D. Forbes, Ph.D., M.B.A. et B.Sc. est professeur de marketing à la faculté de commerce de l'Université de la Colombie-Britannique, à Vancouver. Diplômé de la Harvard Business School, M. Forbes a beaucoup écrit sur divers sujets qui traitent de marketing. Depuis 1974, il a été conseiller auprès de plusieurs agences et organismes gouvernementaux, dont Consommation et Corporations Canada et le Conseil économique du Canada. M. Forbes est également membre de l'American Marketing Association et de l'Association des Consommateurs du Canada.

Kenneth G. Hardy, Ph.D., M.B.A. et B.A. est professeur de marketing et directeur du programme d'administration de l'Université de Western Ontario, à London. M. Hardy est conseiller en marketing auprès de nombreuses entreprises qui sont chefs de file au Canada et aux États-Unis, dont IBM, National Systems Group et AT&T. Il est aussi l'auteur de livres et d'études en matière de marketing, de planification stratégique et de gestion de canaux.

Judith J. Marshall, Ph.D. est professeure agrégée de marketing et est associée à la direction de la faculté de commerce de l'Université Carleton, à Ottawa. Diplômée de l'Université de Western Ontario, Mme Marshall est l'auteure de plusieurs articles sur le télémarketing, la vente directe et le comportement des consommateurs.

Paul Poulin, M.B.A. et B.Comm. est président de CICOMA, cabinet-conseil en marketing direct, et chargé de cours à l'École des Hautes Études Commerciales de Montréal, Québec. Considéré comme le «père» du marketing direct au Québec, M. Poulin est animateur des séminaires de base de données marketing et de marketing direct offerts aux gens d'affaires par le Centre de perfectionnement des Hautes Études Commerciales (CPHEC). Diplômé de l'Université Laval et de l'Université de Western Ontario, et auteur d'ouvrages sur le marketing direct, il participe régulièrement à des conférences sur le marketing au pays et à l'étranger. M. Poulin compte plus de quinze ans d'expérience en marketing direct et a agi à titre de conseiller auprès d'importantes institutions financières, de ministères et d'entreprises dans divers secteurs industriels et commerciaux. Il est membre du Conseil d'administration national et premier vice-président de la section montréalaise de l'Association canadienne du marketing direct.

D. A. (Tony) Schellinck, Ph.D., M.B.A. et B.Sc. est professeur de marketing à l'Université Dalhousie de Halifax, Nouvelle-Écosse, et président de Focal Research Consultants Ltd., un cabinet-conseil de marketing au service du gouvernement et de l'industrie dans tout le pays. M. Schellinck est l'auteur de nombreux livres et articles qui traitent de différents produits et services de marketing. Chef de file mondial en matière d'applications informatiques du marketing, il est l'actuel directeur de programme du service de marketing de l'Administrative Sciences' Association of Canada.

John P. Upshall, B.A. est président de CPM Hull Colvey Inc., un groupe primé de télécommunications de Toronto, Ontario. Diplômé de l'Université de Waterloo, M. Upshall est conseiller et entrepreneur dans le domaine du marketing depuis 1978. Fondateur de The Telephone Marketing Council, il est aussi l'un des directeurs de l'Association canadienne du marketing direct.

Kenneth B. Wong, M.B.A. et B.Comm. est professeur adjoint en marketing à la faculté de commerce de l'Université Queen's, à Kingston, Ontario. Conseiller et conférencier auprès d'entreprises comme Alcan, Tremco Ltd. et Xerox, M. Wong est aussi l'auteur de nombreux articles sur le marketing et le service à la clientèle dans les principales publications d'affaires d'Amérique. Il est membre de l'American Marketing Association et de la Direct Mail and Marketing Association of America.

Table des matières

PRÉFACE

Téléforce est honorée de collaborer à cette publication qui survient à point nommé dans le domaine du télémarketing. Nous croyons que **Profits en direct** offre une information bien structurée et essentielle à la compréhension des multiples aspects du phénomène du télémarketing.

Il est certain qu'au Canada, le télémarketing constitue une solution valable aux défis que présente un marché sans cesse en évolution. À mesure que grimpent les coûts de vente et de marketing, nous faisons face à une concurrence plus vive provenant de l'intérieur comme l'extérieur du pays, à des parts décroissantes de marché et à des marges de profit réduites. Il ne s'agit ici que de quelques-unes des raisons qui ont motivé Téléforce à appuyer ce projet. **Profits en direct** permet de mieux comprendre les questions relatives au rôle du télémarketing dans le monde des affaires d'aujourd'hui. En outre, puisque le télémarketing est méconnu au Canada, cet ouvrage contribuera à clarifier certaines des conceptions erronées qui subsistent encore à son sujet. Il fournit de nombreux exemples concrets de l'utilisation qu'en font les entreprises canadiennes afin de résoudre leurs problèmes d'ordre commercial.

Nous espérons que cet ouvrage, à la fois théorique et pratique, saura vous inspirer de bonnes idées sur la façon d'intégrer le télémarketing à votre planification commerciale.

Larry Lucas
Directeur national
Téléforce* / Télémarketing

---

* *Téléforce est la division-conseil de télémarketing de Telecom Canada.*

i

MESSAGE DE L'ASSOCIATION CANADIENNE DU MARKETING DIRECT

Le télémarketing ne constitue plus réellement une nouvelle approche commerciale, mais ses applications présentent une réponse adéquate aux nouveaux progrès technologiques et à des marchés en évolution.

Le présent ouvrage suggère des lignes directrices pratiques sur la façon de traiter des affaires par téléphone, et offre une information détaillée sur une vaste gamme de sujets, notamment l'avis d'experts sur les approches à éviter.

Pour toutes ces raisons, nous sommes heureux d'accueillir **Profits en direct**, une ressource additionnelle au sein de l'industrie du marketing direct.

Intégrité

Membre. Association
Canadienne du Marketing
Direct

John R. Gustavson
Président-directeur général
Association canadienne du marketing direct

AVANT-PROPOS

Voici enfin un ouvrage que les gens d'affaires attendent depuis longtemps et qui leur permettra de se former une opinion éclairée sur les multiples facettes du télémarketing.

Il ne fait aucun doute que Jim Domanski a réussi l'exploit de démystifier cette technique moderne de commercialisation. Écrit dans un style net et précis, enrichi de nombreux exemples, **Profits en direct** sait captiver le lecteur et lui faire voir tout le potentiel de cet outil du marketing direct encore méconnu.

Sans être un livre de recettes, l'ouvrage offre suffisamment d'information technique et de matière à réflexion pour aider les futurs utilisateurs à structurer leurs actions en vue de meilleures performances.

Les praticiens du télémarketing trouveront dans ces pages des techniques d'analyse exhaustive d'un centre de télémarketing et les moyens d'en maximiser les résultats.

Il existe de nombreuses réussites en matière de télémarketing et **Profits en direct** nous en décrit plusieurs. Mais il existe également des cas décevants, voire des échecs désastreux. Par exemple, ces entreprises qui ont tout misé sur la technologie téléphonique au détriment de leur marketing, ou d'autres qui ne se sont préoccupées que des résultats immédiats. Ou encore, celles chez qui l'appât du gain rapide a fait perdre de vue le respect que mérite la clientèle.

Jim Domanski aurait certainement pu puiser dans sa vaste expérience du télémarketing et des affaires certains de ces exemples malheureux, mais il a choisi de s'abstenir. Il a préféré prêcher la vertu et il réussit très bien à faire valoir ce qu'il faut faire, tout en laissant entendre ce qu'il ne faut pas faire. En permettant aux dirigeants d'entreprise de prévenir les catastrophes, **Profits en direct** peut rendre de grands services à la communauté des affaires.

En effet, les chapitres traitant du rôle du télémarketing et de son intégration dans le mix marketing sont suffisamment explicites pour éviter aux décideurs des erreurs coûteuses.

On ne saurait trop insister sur la relation étroite qui doit exister entre les activités de télémarketing et celles du marketing.

Comment pourrions-nous faire travailler de façon harmonieuse et profitable une équipe de télévendeurs et la force de vente, si les effets de l'implantation d'activités de télémarketing n'ont pas été étudiés en profondeur? Par exemple, la rémunération des vendeurs, le calendrier des visites aux clients, le suivi de la clientèle, le service après vente, et l'étude de la réaction des clients, des vendeurs et des autres services de l'entreprise touchés par cette nouvelle approche.

Je m'en voudrais de ne pas insister sur les bienfaits à long terme du télémarketing.

Chaque campagne de télémarketing constitue une source inestimable de renseignements sur le marché ciblé, les clients éventuels, la présentation de l'offre et même sur la perception qu'ont les consommateurs du produit et de l'entreprise.

Un centre de télémarketing est en quelque sorte une perpétuelle recherche marketing dont les observations devraient se traduire en résultats accrus. L'analyse détaillée de ces observations peut rendre chaque campagne plus efficace et plus profitable que la précédente.

Profits en direct révèle toute la puissance de cet outil de marketing. Il s'adresse à tous les gens d'affaires qui s'intéressent de près ou de loin aux nouveaux défis de la commercialisation des années 90.

Paul Poulin
Conseiller principal

1

1.1   LA TÉLÉRÉVOLUTION

Depuis longtemps déjà, on a recours au téléphone en affaires. On l'utilise pour commander une pièce ou un produit, et une vente a lieu. Quelqu'un s'informe par téléphone au sujet d'un service, et un nouveau client est recruté. Mais cette utilisation occasionnelle du téléphone pour vendre des produits ou services a autant de ressemblances avec le télémarketing que le premier téléphone en a avec les appareils perfectionnés et informatisés disponibles aujourd'hui.

Bref, le télémarketing est un mode systématique, planifié et contrôlé d'utilisation du téléphone pour obtenir et conserver des clients.

Les mots clés sont ici *systématique* et *contrôlé.* Il est bien d'effectuer un appel de suivi, afin de savoir si le client a apprécié le produit ou le service que vous avez fourni — ce qui peut être utile jusqu'à un certain point — mais cela ne relève pas vraiment du télémarketing. Le télémarketing exige l'utilisation privilégiée du téléphone en tant qu'outil de commercialisation.

Au Canada, quelque 100 000 entreprises se servent du télémarketing pour réaliser des ventes évaluées à quelque 3,1 milliards de dollars, ce qui représente environ 15 pour cent de toutes les ventes conclues grâce au marketing direct.[1] Ces chiffres sont d'autant plus frappants qu'au pays, le télémar-

---

[1] Recherche Bell Canada, *Direct Marketing Venture Business Plan* (Ottawa, 1986), page 5. En 1986, des ventes totales de 1,8 milliard de dollars ont été réalisées grâce au télémarketing. Étant donné un taux de croissance annuel de 15 %, les ventes par télémarketing pourraient atteindre 3,1 milliards de dollars en 1991.

keting est une industrie toute jeune qui a à peine vingt ans. On estime qu'à la fin du siècle, le télémarketing emploiera un million de personnes au Canada.

Qu'est-ce qui stimule la croissance rapide de l'industrie? Les résultats. Lorsque le télémarketing est combiné à d'autres méthodes, l'efficacité de toutes les méthodes s'améliore. Par exemple, le taux de réponse à une campagne de publipostage traditionnelle ou à la distribution de catalogues se situe habituellement entre 2 et 4 pour cent. Mais si l'on ajoute le télémarketing d'émission et de réception d'appels à ces méthodes, ce taux augmente. Certaines entreprises ont enregistré des taux de réponse aussi élevés que 25 pour cent à ce type de campagne, ce qui accroît grandement les ventes.

Mais le télémarketing est beaucoup plus qu'un outil de vente. Il fournit de l'information, et l'information est essentielle au succès d'une entreprise. Aujourd'hui les recherches menées par téléphone sont déjà monnaie courante dans le milieu des affaires et elles sont appelées à devenir une composante importante du monde des affaires des années 90. Une autre composante importante est le service à la clientèle. Les entreprises se rendent compte qu'elles peuvent maintenir et accroître leur part du marché en offrant un service spécialisé par téléphone au moyen de programmes orchestrés de télémarketing.

Le présent ouvrage est une introduction au télémarketing au Canada. Il aidera les gestionnaires à se familiariser avec les structures, les normes et le jargon propres à cette technique et leur permettra de concevoir des programmes qui répondent à leurs besoins. Le manuel contient des données financières pour illustrer le propos. Cependant, certains programmes cités en exemple sont en cours d'exécution, et leur résultats ne pouvaient être publiés.

L'OUTIL INTERACTIF

Le potentiel du télémarketing existe depuis le 10 mars 1876, jour où l'inventeur canadien Alexander Graham Bell prononça les paroles suivantes dans son nouvel appareil : «M. Watson! Venez ici! J'ai besoin de vous!» Nous étions en présence d'un dispositif qui éliminait la distance en un instant et qui pouvait rapidement transmettre à d'autres, dans une pièce adjacente ou à l'autre bout du monde, des messages allant du plus simple au plus complexe. Il s'agissait d'un incroyable outil commercial, qui s'illustrait par sa grande efficacité et sa grande simplicité; c'était une nouvelle manière de prêter l'oreille au monde et de se faire entendre.

L'invention du téléphone est aussi importante que celle de la roue, de la presse typographique, du moteur à combustion interne et de l'ordinateur. Dans le monde industrialisé, rares sont les bureaux ou les foyers qui ne disposent pas d'appareils et de lignes multiples. Le téléphone est à ce point essentiel à nos vies que nous ne voyons pas comment nous pourrions nous en priver. Arrêtez-vous un instant et songez au nombre d'appels personnels que vous effectuez ou recevez chaque semaine. Soixante-dix? Cent cinquante? Maintenant, pensez au temps que vous devriez consacrer pour communiquer la même information par lettre ou en personne. Sans téléphone, le monde fonctionnerait à un rythme nettement plus lent.

Le téléphone se retrouve dans la voiture et dans la mallette, et il communique avec l'ordinateur. Chaque jour, nous trouvons de nouveaux usages du téléphone. À l'approche du XXIe siècle, les applications du télémarketing continuent de se multiplier à vive allure.

Mais les assises de l'industrie ne changent pas. Le téléphone permet l'établissement d'un contact instantané entre deux ou plusieurs personnes. Il s'agit également d'un moyen de communiquer, de façon directe et personnelle, avec une seule personne, et c'est la raison du succès du télémarketing. La plupart des autres médias s'adressent à la «masse», c'est-à-dire à un vaste public, et le plus souvent de façon impersonnelle.

Le télémarketing est interactif, et la réponse arrive presque aussitôt que le message est envoyé. Les autres modes de transmission de messages, comme le publipostage, peuvent encourir des délais de livraison. Dans un milieu où la concurrence est vive, la rapidité de communication ou d'accès devient de plus en plus essentielle pour satisfaire la clientèle.

19

Grâce au télémarketing, il suffit d'appuyer sur quelques boutons pour étendre ses activités partout dans le monde. Il n'est pas rare que le télévendeur ou la télévendeuse effectue ou reçoive une soixantaine d'appels chaque jour des quatre coins du globe. La seule limite est le décalage horaire. En comparaison, le meilleur représentant des ventes ne peut effectuer que six visites commerciales chaque jour.

En Amérique du Nord, le coût d'une visite commerciale varie entre 50 $ et 300 $, alors qu'un appel de télémarketing ne coûte en général qu'un dixième de cette somme, c'est-à-dire entre 5 $ et 30 $, selon le cas. Ce rapport coût / efficacité est important dans le contexte de rationalisation des efforts de vente qui prévaut dans les milieux d'affaires de nos jours.

Le télémarketing permet également à toute entreprise d'avoir accès rapidement à des données et de mesurer les résultats instantanément. On peut ainsi mettre au point ou rapidement interrompre un programme qui ne produit pas les résultats escomptés, ou en intensifier un autre qui est davantage rentable.

Enfin, le télémarketing est en voie de devenir le moyen privilégié de cueillette d'information sur les clients et leurs préférences. Ce qui peut se faire directement par télémarketing ou par des études de marché. Mais on peut également obtenir l'information indirectement lorsque, par exemple, les télévendeurs, au moment de l'enregistrement des commandes, prennent en note les suggestions et les conseils des clients en vue d'améliorer le produit ou le service fourni, et recueillent des idées qui peuvent se transformer en nouveaux débouchés.

Un grand nombre de petites entreprises qui ne se sont pas encore mises à l'heure du télémarketing s'inquiètent du coût élevé de mise sur pied d'un tel service. Elles ne sont pas disposées à investir dans du matériel de pointe, et sont indécises au sujet des services téléphoniques offerts comme les lignes 800, c'est-à-dire des numéros sans frais pour les appelants; les entreprises qui utilisent ces services ont droit à un tarif préférentiel pour les interurbains. Certaines petites entreprises croient à tort qu'il faut embaucher un personnel important pour le télémarketing. Ce n'est pas forcément le cas. Un service de télémarketing peut bien fonctionner en ayant recours à une seule ligne téléphonique et à un seul employé dévoué. Comme on le verra, l'importance de l'investissement initial doit refléter le potentiel de réponse.

Toutefois, il ne faut pas oublier que le télémarketing ne fonctionne pas en vase clos; sa force réside dans sa capacité d'améliorer d'autres moyens marketing.

Il ne constitue pas non plus une panacée. Si votre entreprise n'offre pas un produit ou service utile et de qualité supérieure à un prix concurrentiel, les méthodes de télémarketing les plus poussées n'y pourront rien. Le télémarketing ne peut servir de béquille à une entreprise qui échoue en raison de piètres pratiques commerciales. Il peut seulement améliorer une affaire qui marche rondement.

Cependant, si votre entreprise songe à prendre des mesures qui visent à accroître ses revenus et à réduire ses frais d'exploitation, il faut vous initier au télémarketing des années 90. De nombreuses applications existent déjà, et on en trouve de nouvelles chaque jour, étant donné que les entreprises canadiennes continuent d'innover dans le domaine de la téléphonie. Mais la force réelle du télémarketing réside dans l'utilisation croissante, par le milieu des affaires et les consommateurs, du téléphone comme outil de prédilection du marketing.

1.2 LES ÉLÉMENTS ESSENTIELS DU TÉLÉMARKETING

Examinons les éléments essentiels. Le télémarketing peut se diviser en deux catégories, selon la nature du mode de distribution pratiqué par une entreprise. L'entreprise qui utilise le téléphone pour vendre un produit ou service directement à une clientèle grand public pratique le télémarketing *d'entreprise à consommateur*. Celle qui distribue un produit ou service à d'autres entreprises, à des sous-traitants ou à des grossistes pratique le télémarketing *d'entreprise à entreprise*.

D'ENTREPRISE À CONSOMMATEUR

La plupart d'entre nous connaissons le genre de télémarketing grâce auquel les entreprises utilisent le téléphone pour vendre leurs produits ou services directement à l'utilisateur, comme les éditeurs qui vendent des abonnements à des magazines directement au consommateur. Lorsqu'un client passe une commande par téléphone après avoir vu une publicité télévisée, il s'agit aussi de télémarketing d'entreprise à consommateur (on dit parfois «appels grand public»). Voici un exemple de ce type de télémarketing.

L'EXEMPLE DE L'*ALBERTA REPORT*

Lorsque les éditeurs des périodiques *Alberta Report* et *Western Report* ont voulu étendre leur bassin d'abonnés à tout l'ouest du Canada, ils ont eu recours au télémarketing.

Une grande campagne de télémarketing d'émission d'appels fut lancée; elle remporta un vif succès. Pendant la première partie de la campagne, menée en Alberta et en Saskatchewan, neuf appels sur dix faits à des clients potentiels se soldèrent par une vente.

Plus tard, lorsque la campagne promotionnelle fut étendue à la Colombie-Britannique, on installa des lignes additionnelles de télémarketing d'émission et de réception d'appels, et les services de numéros 800 furent élargis. Une vaste campagne de promotion fut lancée au moyen de publipostage et d'annonces publicitaires dans le but de faire connaître le numéro 800 à la population. Des rabais spéciaux incitaient les gens à passer leurs commandes par téléphone. En outre, le numéro 800 figurait sur le papier à lettres, les factures et d'autres imprimés.

Le personnel de télémarketing passa de 10 à 20 employés, et les nouveaux venus suivirent un cours de formation appropriée pendant deux semaines. Chaque télévendeur reçut un guide qui contenait des conseils à suivre lors des appels. Les télévendeurs se rencontrèrent régulièrement durant la campagne pour discuter des stratégies et évaluer les rapports qui faisaient état des progrès en cours.

Les résultats de la campagne intensive furent tout aussi spectaculaires. Tom Aslin, directeur du marketing, affirme : «En cinq mois seulement, nos ventes ont triplé, et la croissance de notre diffusion a doublé. Je suis à la merci du coût par vente, et le nôtre est d'environ 30 $. C'est excellent. En fait, notre réussite est telle que notre périodique, *Alberta Report*, contenait un article sur le succès du télémarketing au sein de notre entreprise. Les deux tiers de notre revenu dépendent de la diffusion, et la diffusion, c'est le télémarketing.»

Le télémarketing d'entreprise à consommateur constitue un lien de communication immédiate entre une entreprise et sa clientèle. En consignant les appels et les commentaires, les télévendeurs sont en mesure de tenir l'entreprise au courant des produits qui gagnent ou perdent la faveur des consommateurs et des raisons qui motivent ces choix. Ils peuvent souligner des problèmes au niveau du service et transmettre les suggestions de la clientèle pour apporter les améliorations nécessaires. Il s'agit d'une étude de marché précieuse.

D'ENTREPRISE À ENTREPRISE

Ce type de télémarketing suppose un contact entre une entreprise et une autre. En utilisant le télémarketing d'entreprise à entreprise, un fabricant d'agendas et de calepins peut vendre une gamme de fournitures de bureau à des détaillants locaux et nationaux, ou une entreprise de communications peut téléphoner à un fournisseur pour commander un photocopieur plus perfectionné.

Le télémarketing d'entreprise à entreprise a connu un essor fulgurant au cours des dix dernières années, et on n'en prévoit pas la fin. Dans un sondage récent au sujet du télémarketing au Canada[2], 72 pour cent des personnes interrogées ont répondu

---

[2] Telecom Canada, *Direct Marketing in Canada* (Ottawa, juin 1990). Cette étude a été menée par Price Waterhouse auprès de 1 122 entreprises et organismes dans tout le pays. Toutes les entreprises interrogées se servaient du télémarketing comme outil de marketing. Cette étude visait surtout les gestionnaires directement responsables du télémarketing. Elle comprenait les petits propriétaires de commerces dans la catégorie des petites exploitations. Le taux global de réponse a été de 28 %, sans présenter de grandes variations entre différents secteurs ou provinces.

que leur clientèle ne se composait que d'entreprises. Comme le démontre le tableau suivant, la valeur moyenne d'une vente d'entreprise à entreprise est nettement supérieure à 1 000 $.

TABLEAU 1 : Valeur moyenne en dollars d'une vente de télémarketing

Secteur	Vente moyenne
Commerce en gros	816 $
Fabricant	4 633 $
Services	1 116 $
Transport	778 $
Services financiers	4 608 $
Détaillant	740 $*
Autre	1 498 $
MOYENNE	1 599 $

* Les résultats ont une tendance ascendante en raison de l'inclusion des chiffres de ventes de vastes opérations de télémarketing.

L'EXEMPLE DE CUSTOM CHEQUES OF CANADA

Lors de la réorganisation de son bureau de Winnipeg, Custom Cheques subit des coupures dans la force de vente. Elle dut trouver un moyen de continuer à servir sa clientèle, sinon elle l'aurait perdue au profit de la concurrence. L'entreprise, qui fabrique et distribue des chèques commerciaux et personnels dans le centre et l'ouest du pays, eut recours au télémarketing.

À l'aide d'un conseiller en télémarketing, l'entreprise réorganisa son service des commandes et son service à la clientèle. Son numéro 800 fut largement diffusé, et les quatre responsables du service à la clientèle reçurent une formation en télémarketing. Au début, on mit l'accent sur le service aux clients de longue date. On voulait les habituer à passer des commandes par téléphone. Mais peu après, les télévendeurs s'aperçurent qu'ils tenaient un bon filon.

S'appuyant sur la philosophie du «offrir un service hors pair», Custom Cheques commença à essayer diverses applications du télémarketing. Le service à la clientèle mit sur pied un programme intitulé «Roses et oignons» destiné à découvrir les préférences et mécontentements de la clientèle (comme pour «détecter» les odeurs agréables et les autres) dans le domaine de l'impression de chèques en général, et de l'entreprise en particulier. Simplement en posant des questions et en écoutant, Terry Lapp, la directrice du service à la clientèle, et son personnel découvrirent des données intéressantes sur les produits et services de l'entreprise; ainsi par exemple le bon de commande qu'on distribuait n'était pas commode à utiliser dans un espace restreint parce qu'il était long et étroit. Custom Cheques redessina immédiatement son bon de commande. Le programme révéla également que les fautes d'impression et les erreurs de livraison froissaient beaucoup les clients, et que la correction des commandes était un processus compliqué. Par conséquent, Custom Cheques institua une politique de satisfaction garantie à 100 pour cent pour certains produits, en vertu de laquelle l'entreprise remplacerait immédiatement toute commande erronée, peu importe d'où venait l'erreur.

Terry Lapp instaura également un programme d'appels périodiques selon lequel on téléphone à chaque client deux fois par année. Le premier appel est relié au programme «Roses et oignons», et le deuxième est un message de service dont le but est de rappeler au client que l'entreprise offre d'autres produits et services. Pour Custom Cheques of Canada, le maintien des relations signifie le maintien de la clientèle, et l'entreprise peut se tailler une plus grande place dans de nouveaux créneaux du marché.

À l'intérieur des deux vastes catégories que représentent le télémarketing d'entreprise à consommateur et le télémarketing d'entreprise à entreprise, il existe deux modes : *la réception d'appels et l'émission d'appels*. Les entreprises qui optent pour le télémarketing choisissent la méthode qui correspond le mieux à leurs besoins, soit pour recevoir des commandes et de l'information, soit pour émettre un message. Certaines utilisent une combinaison des deux.

LE TÉLÉMARKETING DE RÉCEPTION D'APPELS

En télémarketing de réception d'appels, les clients téléphonent directement aux fournisseurs pour passer une commande, demander de l'information, faire part d'une suggestion ou porter plainte. Ils peuvent le faire en composant un numéro local, si l'entreprise se trouve dans la région, ou un numéro 800 qu'ils ont vu dans la publicité. Un tel programme est efficace à titre de complément aux campagnes de publicité et de promotion qui ont recours à des médias comme la poste, les journaux, la radio et la télévision.

L'EXEMPLE DU SASKATOON BRIER (1989)

En 1987, Saskatoon Brier 1989 Inc. s'est vu accorder le droit de tenir, en 1989, le *Labatt Brier*, ce prestigieux championnat de curling masculin du Canada. Pour relever l'énorme défi de vendre 8 000 billets dont les prix allaient jusqu'à 200 $ l'unité, le groupe mit sur pied une stratégie de télémarketing de réception d'appels en utilisant un numéro 800, de concert avec une vaste campagne utilisant le publipostage et les médias de masse. Le but de cette campagne était de vendre le plus de billets possible dans les plus brefs délais.

Malgré le fait que le comité avait plus de billets à vendre que lors des autres Briers, et bien qu'habituellement les billets pour de tels événements s'écoulent seulement dans les six mois précédents, dans ce cas-ci, ils s'envolèrent un an avant la tenue de l'événement, et 60 pour cent des ventes furent effectuées à l'extérieur de Saskatoon. Les membres du comité attribuèrent leur réussite à la facilité avec laquelle les clients pouvaient communiquer avec eux partout au Canada pour passer leurs commandes sans qu'il leur en coûte des frais d'appel.

Une bonne campagne de télémarketing de réception d'appels dépasse le cadre du seul enregistrement des commandes. Tous les appels que reçoit une entreprise ne sont pas nécessairement reliés à la prise de commandes. L'un des domaines où le télémarketing prend une expansion particulièrement rapide est le service à la clientèle.

L'exemple d'Eastern Marketing Ltd.

Que faire lorsque votre entreprise se trouve au Nouveau-Brunswick, et que les marchés que vous désirez exploiter s'étendent jusqu'en Ontario et sur la côte est des États-Unis?

Eastern Marketing Ltd., distributeur en gros de véhicules récréatifs, s'attaqua au problème à la faveur d'un programme de télémarketing contrôlé. La compagnie désirait améliorer son service à la clientèle et les communications avec cette dernière, sans cependant encourir de frais généraux exorbitants. L'entreprise améliora son système de télécommunications au moyen d'un standard perfectionné, ajouta cinq nouvelles lignes 800 dans quatre zones, en plus d'une nouvelle ligne à son service 800 déjà existant. Un conseiller recommanda également de relier les télécopieurs de la compagnie à l'une des lignes 800, afin que les clients puissent passer gratuitement leurs commandes écrites par téléphone.

Bill Barrett, le président de cette entreprise, affirme avoir atteint ses objectifs grâce au programme. À l'origine une petite entreprise, elle est devenue une entreprise de taille moyenne, et les éloges de la clientèle fusent maintenant de toutes parts. «Des fabricants nous ont décerné des prix qui soulignent notre engagement à entretenir avec nos distributeurs des relations professionnelles soutenues par notre service, affirme-t-il. Mieux, nous avons maintenu notre niveau de croissance sans sacrifier la nature personnelle de nos rapports avec notre clientèle. Cela nous tenait grandement à coeur.»

LE TÉLÉMARKETING D'ÉMISSION D'APPELS

Le second mode, le télémarketing d'émission d'appels, est une approche proactive de l'utilisation du téléphone comme outil de vente. Dans sa forme la plus simple, le télémarketing d'émission d'appels met en jeu un télévendeur ou une télévendeuse qui effectue un appel, converse avec le décideur et, idéalement, conclut une vente. Dans sa forme la plus complexe, il peut fournir au personnel l'occasion de vendre un plus grand nombre de produits ou de services, de rétablir le contact avec des clients, de mener des études de marché, de créer de nouvelles initiatives de ventes à l'intention du personnel de vente et de rechercher de nouveaux clients. On peut également y avoir recours pour servir de petits clients, lorsque le déplacement d'un représentant ou d'un technicien s'avère peu rentable.

L'EXEMPLE DE REACH INDUSTRIES

Reach Industries de Vancouver (C.-B.) fut constituée en 1982. Dirigée par une seule femme, l'entreprise fabriquait et distribuait des écrans d'ordinateurs antireflet. Au début, elle ne possédait qu'une seule ligne téléphonique et n'employait qu'une personne. En 1987, elle comptait huit employés, et son réseau de distribution comprenait l'Amérique du Nord, l'Australie, la Nouvelle-Zélande et l'Angleterre. Et qu'est-ce qui a lancé cette entreprise sur le marché international? Un programme de télémarketing d'émission d'appels.

Helen Wait, la vice-présidente, attribua le succès de l'entreprise à son programme de télémarketing, qui incluait une période de formation appropriée en techniques de ventes par émission d'appels. Après un an, le nombre de clients avait plus que quadruplé, passant de 100 à 450 détaillants, et la compagnie commença à livrer en moyenne 4 000 écrans par semaine. Grâce au télémarketing, Reach Industries a pu contrôler son coût de pénétration du marché.

1.3   LES APPLICATIONS DU TÉLÉMARKETING

Au Canada, le télémarketing est une industrie encore jeune, mais quelques-unes de ses applications ont déjà fait leurs preuves. Voici un bref aperçu des principales applications en commençant, à l'instar de la plupart des entreprises, par la plus simple.

LE TRAITEMENT DES COMMANDES

La prise de commandes. Il s'agit d'une des applications les plus populaires et les plus productives. Il est tellement plus aisé de mener des affaires rondement, lorsque les clients téléphonent pour passer leurs commandes.

Le télémarketing sert à prendre toutes sortes de commandes, depuis les simples étiquettes jusqu'au matériel hospitalier valant des millions de dollars. Pizza Hut, de Windsor (Ontario), profite d'un programme unique de télémarketing de réception d'appels d'entreprise à consommateur. Le point de vente de Windsor reçoit l'ensemble des commandes téléphoniques pour les points de vente de Windsor, de Sarnia et de Chatham. Il transmet ensuite les commandes par télécopieur à la succursale concernée.

L'utilisation des numéros 800 sans frais a transformé le secteur de la prise de commandes. Il y a quelques années à peine, les clients hésitaient encore à donner leur numéro de carte de crédit au téléphone, mais ces vieilles craintes se sont dissipées. Bon nombre de clients s'attendent maintenant à passer des commandes en utilisant des numéros sans frais, et rares sont les compagnies fonctionnant par catalogue qui n'ont pas leur numéro 800, qu'elles diffusent sur une grande échelle, en particulier aux États-Unis. Les entreprises canadiennes accusent un léger retard à ce niveau. Il y a quelque 80 000 numéros sans frais en service au Canada à l'heure actuelle.

Dans les ventes par catalogue, l'utilisation d'un numéro 800 augmente le taux de réponse et la valeur moyenne des ventes. On a démontré que les clients perçoivent les entreprises qui se servent de numéros 800 comme des entreprises de qualité offrant des produits de qualité. Si l'entreprise est prête à assumer les frais d'interurbain, elle doit donc offrir des produits de qualité. Du moins, c'est ce que l'on croit.

L'EXEMPLE DE LEE VALLEY TOOLS

Ceci pourrait devenir un cas type du succès du traitement des commandes par télémarketing. Lee Valley Tools est un grossiste d'outils et d'accessoires de menuiserie. Installée à Nepean (Ontario), l'entreprise dessert le Canada et les États-Unis, et fait la promotion de ses produits à l'aide de son catalogue et de circulaires additionnelles.

L'entreprise fut fondée vers la fin des années 70 par Leonard Lee, mais ce n'est qu'à la fin de 1988 que Lee Valley eut recours à un numéro 800 ainsi qu'à un télécopieur. Auparavant, elle recevait environ la moitié de ses commandes par la poste, le reste par téléphone; les clients défrayaient les frais d'appel. Après l'installation du numéro 800 et du télécopieur, l'entreprise connut un tournant immédiat : les ventes s'effectuaient dorénavant par téléphone plutôt que par la poste. En 1988, environ 85 pour cent des commandes parvenaient par la poste et 15 pour cent par téléphone; l'année suivante, 57 pour cent des ventes s'effectuaient par l'entremise du téléphone, 10 pour cent par télécopieur (pour la plupart des comptes de sociétés) et 33 pour cent par la poste.

Lee Valley Tools était satisfaite de la tournure des événements pour de nombreuses raisons. D'abord, la valeur moyenne des commandes par téléphone est supérieure d'environ 20 pour cent aux commandes postales. Le numéro 800 attire les clients à la recherche de résultats immédiats, ceux dont la motivation est tellement forte qu'ils saisissent le téléphone et passent leur commande plutôt que d'attendre la livraison postale.

En second lieu, l'entreprise a découvert que son traitement des commandes était beaucoup plus efficace, ce qui influait grandement sur la qualité de son service. Par exemple, si un client passe une commande par téléphone et que cet article n'est pas en stock, on peut l'en informer immédiatement. Ce dernier peut alors choisir de commander un autre article. Et plus important encore, Lee Valley épargne le coût d'un appel ou d'un envoi écrit au client afin de lui faire savoir que la livraison a été différée.

De plus, le numéro 800 a contribué d'une troisième manière à augmenter l'efficacité de Lee Valley Tools, en facilitant le traitement et la manutention de la facturation. Par exemple, si un client donne un numéro de carte de crédit par la poste et qu'il oublie de mentionner la date d'échéance ou encore qu'il intervertit les chiffres, Lee Valley ne peut remplir la commande. Il faut alors appeler le client pour vérifier l'information. Toutefois, étant donné les fuseaux horaires et la difficulté de joindre un client au travail ou à la maison, la communication peut subir un délai de plusieurs jours. Voilà qui est très frustrant pour le client et qui augmente évidemment la tâche des représentants de Lee Valley.

Le délai de livraison de quatre à six semaines constitue l'un des problèmes des commandes postales. Les clients supposent qu'une commande postale parvient à Lee Valley en deux ou trois jours, alors qu'en réalité elle peut prendre de sept à dix jours. Lorsque le client reçoit finalement l'article, il a l'impression que Lee Valley est lente à acheminer ses commandes. Toutefois, lorsque les commandes passent par le téléphone, Lee Valley démontre sa rapidité en indiquant au client exactement quand et comment la commande sera expédiée.

Selon Robin Lee, Lee Valley Tools se fie au téléphone parce que ce dernier représente «la meilleure façon de servir le client. Nous ne sommes pas intéressés à conclure une seule vente avec notre client; nous préférons le servir à de nombreuses reprises». L'investissement dans un service 800 est récupéré par des ventes additionnelles et par de nouveaux contrats qui résultent d'une publicité positive du bouche à oreille.

LE SERVICE À LA CLIENTÈLE

Il est toujours rassurant de parler à quelqu'un qui comprend nos problèmes et qui sait comment y remédier; c'est essentiellement la base du service à la clientèle. De nombreuses entreprises, de l'épicerie du coin au géant industriel, ont bâti leur réputation et se sont assuré la loyauté de leurs clients dans des marchés hautement concurrentiels en fournissant un meilleur service à la clientèle. En fait, certains observateurs prédisent que ce facteur sera la clé de la survie des entreprises dans les années 90.

Comment le télémarketing intervient-il?

Le traitement des demandes d'information et des plaintes.

Il s'agit d'une application importante du télémarketing dont le plein potentiel reste à exploiter, bien que le gouvernement du Canada nous ait donné un aperçu de ses possibilités lorsqu'il a conçu son programme d'information sur la TPS à l'intention des citoyens et des gens d'affaires. Il a installé des *douzaines* de numéros 800 et orchestré une publicité à l'échelle du pays dans les journaux et à la télévision.

Un récent sondage de Telecom Canada auprès de plus de mille entreprises utilisatrices du télémarketing au Canada a démontré que les grandes sociétés et entreprises (qui comptent plus de 500 employés) ont tendance à utiliser le télémarketing pour traiter les demandes d'informations et les plaintes. Certaines les appellent lignes d'aide, d'autres, lignes ouvertes. Mais elles ont toutes sensiblement la même fonction : fournir au client un contact compétent au bout du fil.

L'EXEMPLE DE SANTÉ ET BIEN-ÊTRE SOCIAL CANADA

Au milieu des années 80, le département des programmes de la sécurité du revenu de Santé et Bien-être social Canada s'est trouvé coincé entre des restrictions budgétaires et des réductions de personnel d'un côté, et de l'autre, une clientèle croissante (les Canadiennes et Canadiens qui reçoivent une aide sociale sous forme d'allocations familiales, de prestations de Sécurité de la vieillesse ou de régime de pensions du Canada). Le département a dû trouver un moyen de traiter les demandes des clients en utilisant des ressources concentrées. En particulier, il voulait étendre ses services aux régions éloignées et à celles du Nord.

En 1985, on a créé un projet pilote à partir d'un numéro 800 à Sept-Îles (Québec). Afin de faire la publicité du nouveau service, on a envoyé aux clients des encarts avec leurs chèques.

On les invitait à utiliser le nouveau service pour toute demande ou transaction usuelle, comme un changement d'adresse.

Tim White, responsable des télécommunications du département des programmes de la sécurité du revenu, affirme : «Les résultats ont été très encourageants. Par exemple, un changement d'adresse qui pouvait prendre jusqu'à 15 minutes en personne ne durait pas plus de 2,5 ou 3 minutes au téléphone. On pouvait ainsi consacrer plus de temps aux cas plus compliqués.»

Le projet a démontré que le télémarketing est une façon très rentable d'augmenter le rendement et de fournir un service de haute qualité aux clients. Fort de l'expérience de Sept-Îles, le programme s'est étendu à tout le pays, à la demande des succursales.

«Bien sûr, nous avons commis quelques erreurs de parcours, ajoute Tim White. Toutefois, la conclusion qui s'impose est que le télémarketing fonctionne. En apprenant de nos erreurs et en devenant plus habiles à gérer les techniques, nous croyons que le service fonctionnera encore mieux.»

Cependant, tous les organismes ne disposent pas de ressources suffisantes pour répondre aux demandes que leurs activités peuvent engendrer. Certains, comme l'hôpital du Cap-Breton, ont trouvé d'autres solutions.

À l'hôpital du Cap-Breton, on s'est rendu compte que le personnel médical passait un temps précieux au téléphone à répondre aux demandes du public relativement aux maladies et aux virus. En guise de réponse, l'hôpital a mis sur pied le service TcleMed. Lorsque quelqu'un appelle le numéro 800 de TeleMed, un téléphoniste répond et, après avoir déterminé la nature de l'appel, passe un message enregistré qui indique où s'adresser pour plus de renseignements.

LE SUPPORT À LA VENTE

Les initiatives de ventes. Le télémarketing est un excellent moyen d'entrer en communication avec d'éventuels clients. La délimitation et la recherche sérieuses de futurs clients dont vous vous êtes procuré les noms probablement en achetant une liste, constituent (sur le plan des coûts) un moyen efficace d'atteindre ces derniers et de développer une relation continue.

Le ciblage. Dans cette application, qui peut ressembler à la précédente, on communique avec de nouveaux clients afin de déterminer lesquels seront les plus sensibles à une approche de vente, peut-être par un représentant.

Par exemple, si vous vendez des films ou des vidéocassettes pratiques, il est évident alors que votre marché cible se compose de personnes qui possèdent un magnétoscope; mais comment les trouver? Le télémarketing constitue alors un moyen rapide et peu coûteux d'isoler celles qui n'en possèdent pas un et qui n'ont pas l'intention de s'en procurer dans un proche avenir.

La prise de rendez-vous. Lorsque l'approche a été couronnée de succès, bien souvent le client désirera rencontrer un vendeur en personne, afin d'en savoir davantage sur un produit ou un service, ou pour assister à une démonstration. Les télévendeurs peuvent fixer un tel rendez-vous avec un client éventuel, puis téléphoner à ce dernier pour le lui rappeler. Cela évitera aux représentants bien occupés d'attendre inutilement — ce qui constitue une perte coûteuse de temps et d'énergie.

Évidemment, il y a longtemps que les médecins utilisent cette application pour s'assurer que leurs clients se présentent au moment voulu. Un membre de leur personnel appelle les clients pour confirmer les rendez-vous un jour ou deux à l'avance.

L'étude de marché. L'étude de marché est l'une des applications les plus intéressantes du télémarketing. Les enquêtes téléphoniques vous aident à recueillir des renseignements précieux au sujet de vos clients comme leur âge et leur sexe, s'ils sont locataires ou propriétaires, leurs habitudes de consommation, et ainsi de suite. Munis d'une plus grande connaissance des besoins et désirs de vos clients, vous pouvez ainsi adapter votre produit ou service.

L'étude de produit. Le télémarketing est un moyen direct et rapide de savoir comment les consommateurs réagissent à votre produit, ou à celui d'un concurrent.

En 1988, Polysar, de Sarnia (Ontario), a embauché des étudiants pour mener un sondage international. Les étudiants, qui travaillaient en collaboration avec la coopérative du programme d'éducation de l'université, téléphonaient aux clients actuels et éventuels de Polysar afin tout d'abord de parler au décideur de l'entreprise, puis de préparer et de mener une interview sous forme de question-réponse avec ladite personne. Évidemment, le but ultime de ce programme de télémarketing d'émission d'appels était de connaître la réaction des gens face aux produits de Polysar et de recueillir des informations nouvelles sur les tendances de l'industrie du latex.

L'utilisation d'un service 900 (où l'on impose un tarif minimal à la personne qui téléphone et où le commanditaire paye le solde des frais d'appel) par la compagnie Coca-Cola constitue un exemple de télémarketing de réception d'appels pour une étude de produit. Il y a quelques années, la compagnie désirait mener un sondage auprès de ses clients parce qu'elle projetait de mettre sur le marché une nouvelle boisson plus sucrée. Durant la campagne publicitaire de 10 jours dans les magazines et à la télévision, environ 500 000 buveurs de Coca-Cola ont appelé le numéro 900 chaque jour pour exprimer leurs préférences. Comme le savent sans doute les amateurs du Coca-Cola classique, la recette traditionnelle fut chaudement défendue durant la campagne.

LA GESTION DE L'ENCAISSE

Le recouvrement des créances. Au début des années 80, durant la récession, la gestion de l'encaisse devint cruciale à la survie des entreprises, et nombre d'entre elles eurent recours au télémarketing de recouvrement. Il fallait qu'elles trouvent un moyen de garder la loyauté et la bonne volonté des clients tout en résolvant le problème du recouvrement de l'arriéré; autrement dit, on cherchait un moyen de communiquer efficacement avec ceux dont les paiements étaient en souffrance.

Le recouvrement par téléphone, bien planifié et structuré, aida les entreprises à résoudre le problème de l'encaisse et à établir de meilleures relations avec leurs clients. Un télévendeur attentif peut renseigner les clients sur les méthodes comptables de l'entreprise, vérifier l'état d'un compte échu et, dans le cas de clients de longue date, chercher à savoir pourquoi le paiement est différé. Il se peut que le client soit insatisfait du service de l'entreprise, ou encore qu'il y ait un problème de livraison incomplète, de biens endommagés ou de facturation erronée. Quelle qu'en soit la raison, un paiement en retard est coûteux... et le télémarketing constitue un mode de recouvrement efficace et rentable.

Pendant la récession qui frappe maintenant le début des années 90, les entreprises considèrent de nouveau les avantages du télémarketing de recouvrement.

L'EXEMPLE DU DELTA RIVER INN

Les gérants de crédit à l'emploi d'un hôtel vous diront que leur travail ne se limite pas aux seules réservations de chambres et de salles de conférences. Les hôtels traitent beaucoup d'affaires et, comme dans toute entreprise, les résultats financiers occupent toujours une place prépondérante.

David Honigsberg, qui était gérant de crédit du Delta River Inn de Vancouver (C.-B.) lorsque cet hôtel mit sur pied en juillet 82 un programme de télémarketing pour le recouvrement des créances, affirme : «Pour un hôtel, les résultats financiers sont directement reliés au service à la clientèle, qu'il s'agisse de la réception ou du service de recouvrement de l'arriéré.»

Situé à cinq minutes de l'aéroport international de Vancouver, le Delta River Inn utilisait la poste et le téléphone pour communiquer avec les clients dont le compte était en souffrance. En juillet 1982, les arriérés de 61 à 90 jours constituaient 10 pour cent des créances totales, et celles de 91 à 120 jours, 7 pour cent. «Bien que la situation ne fût pas anormale au sein de l'industrie, un conseiller en télémarketing attira mon attention en suggérant que j'adopte un système de télérecouvrement, ajoute M. Honigsberg. Il me conseilla une approche plus formelle. Suivant ses conseils, je téléphonai aux clients dont la créance était de 250 $ ou plus et établis un calendrier de paiement, lorsque le client ne pouvait régler la somme entière immédiatement.»

Après seulement dix mois de télérecouvrement, le Delta River Inn se rendit compte, selon M. Honigsberg, que «les créances de plus de 90 jours étaient presque éliminées et que celles de 61 à 90 jours étaient réduites à moins de 1 pour cent. En intérêts seulement, la somme épargnée était substantielle».

M. Honigsberg considère que ses appels de recouvrement font partie de son service à la clientèle. Il téléphonait à un client important quelques jours après la réception de la facture, afin de s'assurer de l'exactitude de la facturation et de la satisfaction du client. Outre le fait de s'assurer que le paiement serait réglé rapidement, M. Honigsberg estime que ses appels jouaient un rôle additionnel : «Je recueillais ainsi des commentaires directs sur l'hôtel, le service, la réception, le mode de réservations, etc. Lorsqu'il est question d'argent, il faut être constamment à l'écoute de toutes les plaintes, car il peut s'agir d'une erreur de notre part, et cela signifie que notre réputation est en jeu.»

LA VENTE DIRECTE

À plusieurs égards, cette application est celle qui exige le plus d'habileté de la part d'un télévendeur. Le succès à ce niveau signifie que vous détenez une commande et, comme nous l'avons mentionné plus tôt, chaque commande passée par téléphone plutôt que lors d'une visite d'un représentant constitue une économie de taille pour votre entreprise. Ce fait revêt encore plus d'importance à mesure que s'étend l'économie globale et que les entreprises canadiennes tentent d'internationaliser le marketing. La vente par téléphone est de plus en plus courante, et même les plus prudents s'accordent pour dire qu'elle *est* effectivement pratique.

L'ouverture de nouveaux comptes. Il est évident qu'aucune entreprise ne peut survivre grâce à ses succès passés, et il est essentiel d'accroître sa part de marché. Le télémarketing peut jouer un rôle important dans cette activité capitale.

L'ouverture de comptes au moyen du télémarketing entraîne l'appel systématique de clients potentiels afin de les inviter à faire affaire avec vous. Lorsque cet appel se solde par une vente, qu'elle soit plus ou moins importante, il devient plus qu'une simple ouverture.

La vente à des clients inactifs ou marginaux. Cette application entraîne des appels périodiques (selon un calendrier pré-établi) aux entreprises ou aux individus dont les comptes sont devenus inactifs ou qui n'exercent qu'un faible niveau d'activités commerciales avec votre entreprise. Un télévendeur habile peut arriver à déterminer pourquoi un compte est inactif ou marginal, voire à le ranimer, peut-être au moyen de mesures incitatives.

Le télémarketing constitue également une solution sensée, lorsqu'il s'agit de promouvoir un nouveau produit à tous les clients actuels étant donné l'important volume que cela suppose.

La vente à des clients actuels. Le monde des affaires se transforme, y compris les clients actuels qui veulent un service lorsqu'ils passent une commande. Il y a dix ans, il aurait été inconcevable de demander à un client de passer une commande par téléphone. Plus maintenant. Tout le monde se fait à cette idée, bien que la préférence pour la bonne vieille poignée de main en guise de conclusion de vente ne s'effacera jamais tout à fait. Toutefois, comme moyen de maintenir des relations avec des clients éloignés, le téléphone s'avère irremplaçable.

Lorsque l'on a recours aux appels périodiques et aux techniques de vente, le télémarketing peut aussi mener à des niveaux de ventes accrus. Un calendrier d'appels périodiques signifie que vous entrez en communication avec des clients réguliers pour savoir s'ils sont prêts à commander de nouveau votre produit ou à renouveler votre service. Le calendrier peut s'établir par suite d'une recherche qui indique à quel moment le client passe habituellement une commande, ou selon d'autres critères.

Lorsqu'un client régulier téléphone (ou que vous lui téléphonez) pour renouveler une commande, le télévendeur profite de l'occasion pour vendre un produit d'une gamme supérieure, c'est-à-dire qu'il encourage le client à envisager l'achat d'un modèle ou l'abonnement à un service qui comporte plus de caractéristiques. En utilisant ces techniques, le télévendeur peut améliorer grandement la valeur moyenne des ventes qu'il ou elle conclut.

L'EXEMPLE DE SERVICE DE COURRIER LOOMIS

Service de courrier Loomis, une division de Mayne Nickless Transport Inc., est une entreprise nationale de messagerie dont les succursales sont situées partout au Canada et dont les centres régionaux se trouvent à Vancouver, à Calgary, à Toronto et à Montréal. Loomis offre des services de livraison à domicile garantis le lendemain pour les documents et pour les petits colis. L'entreprise commercialise une vaste gamme d'enveloppes spécialisées, par exemple pour le traitement d'information ou pour le courrier interne. Elle est également reconnue pour sa campagne *Carevelope*, en vertu de laquelle 0,25 $ sont prélevés sur chaque *Carevelope* vendue par l'entreprise et remis à l'Association canadienne des paraplégiques.

Avant l'adoption du télémarketing, les clients téléphonaient aux succursales pour commander des enveloppes. Pendant ce temps, les représentants des ventes externes vendaient des enveloppes au sein de divers segments du marché en téléphonant à des expéditeurs de colis et des chefs de bureau.

Comme l'indique Gil Epneris, vice-président des ventes et du marketing, Loomis fit appel, en 1988, aux spécialistes en télémarketing de Téléforce, une division de Telecom Canada, afin de rationaliser le système. «Nous savions que certains types de vendeurs étaient meilleurs pour vendre telle gamme de produits plutôt que telle autre. Nous voulions donc attribuer tel produit à tel vendeur, ce qui pouvait se faire plus facilement grâce au téléphone. Nous avions réussi à améliorer le service à la clientèle en utilisant le téléphone, alors pourquoi pas les ventes?»

Avec la collaboration de Téléforce, Loomis se fixa les objectifs suivants : renforcer le service aux clients actuels, améliorer les rapports avec la clientèle, aller chercher de nouveaux clients et augmenter le volume des ventes de façon rentable, ranimer les comptes inactifs, rehausser l'image de marque de l'entreprise et améliorer sa viabilité dans le monde des affaires.

En Colombie-Britannique, la compagnie installa cinq nouvelles lignes téléphoniques, embaucha quatre télévendeurs, enseigna les techniques de vente aux administrateurs et au personnel, et dressa une liste de clients inactifs à partir de la base de données. La liste comptait environ 10 000 noms, seulement en Colombie-Britannique. Grâce à la collaboration de B.C. Telephone, l'entreprise mit les numéros de téléphone à jour, et on téléphona à chaque client pour confirmer l'information dont on disposait ou pour obtenir de nouveaux renseignements.

L'entreprise mena une campagne de publicité directe pour aviser les clients dont le nom figurait sur cette liste qu'un représentant entrerait en contact avec eux. En même temps, Loomis entreprit une étude de marché. L'entreprise voulait connaître les habitudes d'achat des clients, les types de produits utilisés, la fréquence d'utilisation, la quantité achetée, etc.

Le processus de ventes et d'appels périodiques débuta après l'obtention des résultats. On planifia les suivis téléphoniques, en plus de mettre sur pied un programme d'appels périodiques.

«En plus d'améliorer le service à la clientèle, nous avons repéré de nouveaux créneaux», affirme M. Epneris. Selon Loomis, les ventes ont augmenté de 30 pour cent, de même que la part et l'étendue du marché. Le télémarketing a atteint ses objectifs et est devenu partie intégrante du mix marketing.

Le coût des ventes a diminué, car les représentants externes se consacrent à des clients plus importants et à des affaires plus rentables. Les rapports de rendement indiquent que le coût par appel se situe entre 5 $ et 8 $, comparativement à 54 $ par visite pour un représentant dans des villes de moins de 100 000 habitants, et à 135 $ par visite dans des villes de plus de 100 000 habitants.

Selon M. Epneris, il ne s'agit que d'un début. «Le potentiel d'activité dans cette région est nettement supérieur. Sur le plan de la stratégie marketing, les créneaux sont beaucoup plus nombreux grâce au télémarketing. Nous avons réussi à créer et à vendre davantage de produits grâce au programme de télémarketing.»

Peut-être avez-vous remarqué le thème qui ressort des exemples ci-dessus. Invariablement, les entreprises qui ont eu recours au télémarketing pour remplir une fonction marketing y ont découvert d'autres avantages. Certaines, comme Custom Cheques de Winnipeg, ont élargi la vision de leur service de télémarketing pour incorporer ces autres applications.

Le tableau suivant s'appuie sur des statistiques de 1990 et montre vers quoi s'oriente le télémarketing des années à venir. Il semble que les entreprises ne pensent plus d'abord au traitement des commandes lorsqu'il s'agit de télémarketing.

TABLEAU 2 : Motif premier pour mettre sur pied un programme de télémarketing

Motif	Pourcentage
Service à la clientèle	74
Augmentation des ventes	66
Efficacité des commandes	32
Réduction des coûts	24
Multiplication des débouchés	3
Support à la force de vente	3
Autres	3

Source : Telecom Canada, *Telemarketing in Canada* (Ottawa, juin 1990).

2

2.1 LE TÉLÉMARKETING ET LES STRATÉGIES DE PLANIFICATION

Dans le cadre d'un cours de conduite automobile, il va de soi que l'instructeur parle des instruments et des boutons du tableau de bord ainsi que du fonctionnement de l'allumage et de l'indicateur de vitesse.

Évidemment, cela ne vous prépare pas complètement à votre première randonnée sur la route. Pour éviter les accidents, vous devez posséder également d'autres compétences. D'abord, il faut suivre un itinéraire précis, puis garder un oeil sur les voitures qui vous précèdent et qui vous suivent, les piétons et la signalisation routière. En d'autres mots, savoir de quoi il retourne avant de vous installer au volant.

Le même raisonnement s'applique lorsqu'une entreprise décide de faire intervenir le télémarketing dans ses activités. Tout le personnel touché doit connaître exactement la place de cet élément dans l'ensemble avant de démarrer l'opération.

Par conséquent, lorsqu'une entreprise décide de faire une place au télémarketing, il importe de réexaminer la planification et les objectifs globaux de la compagnie, afin de déterminer la place idéale que doit y occuper ce nouvel élément. Il y a peu de produits qui ne peuvent être vendus par télémarketing, mais s'agit-il bien du système de promotion le plus efficace pour votre produit ou service?

Puis il faut établir un plan stratégique, car le télémarketing doit être planifié en tenant compte de tous les facteurs suivants.

LES OBJECTIFS

La définition d'objectifs réalistes est fondamentale pour le télémarketing. Vous désirez augmenter les ventes? Accroître votre part du marché? Réduire vos coûts? Parmi ces objectifs, établissez ceux qui sont à court et à long terme, puis tracez un plan qui vous montre comment le télémarketing vous aidera à les atteindre dans les mois et les années à venir.

Il se peut que vous désiriez commencer à utiliser le télémarketing seulement pour simplifier la prise des commandes et mettre sur pied une base de données clients. Toutefois, le télémarketing peut éventuellement servir à bâtir une clientèle au moyen de la vente directe. Dans la planification, il faut examiner toutes les étapes du processus et tenter de déterminer le moment où chaque nouvel élément de télémarketing sera incorporé.

Ensuite, demandez-vous bien si votre opération de télémarketing peut vous permettre d'atteindre ou non ces objectifs. Si vous considérez le télémarketing comme une solution aux éléments boiteux de votre compagnie, il risque de ne pas fonctionner.

Selon une étude, «les entreprises qui réussissent sont celles qui ont soigneusement planifié la mise sur pied du télémarketing, et celles qui avaient des buts précis et des plans bien établis avant de commencer l'opération».[1]

En dernier lieu, renversez l'équation. Lorsqu'on envisage l'adoption du télémarketing, on doit s'assurer que l'on peut se montrer à la hauteur des résultats obtenus. Dans la planification, il faut prévoir les stratégies pour répondre à l'augmentation de la demande, ainsi que les effets sur la dotation en personnel et sur les processus de fabrication et d'expédition, en plus de prévoir les dépenses additionnelles et les conséquences de toutes ces mesures sur la tarification et la distribution. Il apparaît clairement que vous devrez définir les objectifs en collaboration avec les intervenants clés de l'entreprise.

---

[1] Marshall, Judith J. et Harrie Vrendenburg. "Successfully Using Telemarketing in Industrial Sales", *Industrial Marketing Management* 17 (1988), p. 21.

Une fois que vous possédez une idée précise de ce que toutes les parties en cause veulent accomplir grâce au télémarketing, vous pouvez commencer à étudier le milieu, externe et interne, qui vous permettra d'atteindre ces objectifs.

L'ENVIRONNEMENT EXTERNE

L'environnement externe comprend les intervenants, activités, événements et circonstances qui influencent considérablement le télémarketing, mais qui ne peuvent être contrôlés directement par l'entreprise. Parmi ces facteurs, on compte :

- l'économie
- la concurrence
- les lois fédérales et provinciales
- les tarifs (téléphoniques et postaux)
- la technologie : disponibilité et coûts
- la clientèle

1. L'économie. Les gens d'affaires connaissent bien la signification des cycles prospérité / déclin. Sommairement, en période de prospérité, les sources de revenu s'accroissent. Les consommateurs ont les moyens d'acheter des biens et des services, et l'industrie connaît une croissance accélérée. Les ventes augmentent, les stocks s'écoulent, le chômage diminue et tout le monde y trouve son compte. Cependant, en période de ralentissement économique ou de récession, les consommateurs sont peu enclins à dépenser, et les entreprises hésitent à contracter des dettes ou à affecter des ressources à de nouveaux projets. La prudence est alors de mise.

Toutefois, dans un milieu où le plus fort survit, certaines entreprises élaborent des stratégies qui leur permettent de faire face aux périodes de prospérité ou de déclin tout en demeurant florissantes. Comment le télémarketing peut-il être utile dans ces deux situations?

Voici quelques moyens d'appliquer le télémarketing et de tirer avantage d'une période de prospérité.

- Apprenez comment un programme de télémarketing bien conçu peut favoriser l'expansion de votre entreprise. Par exemple, il peut faire connaître, auprès des clients actuels et éventuels, un nouveau produit ou service récemment mis au point par le service de recherche et développement.

- Utilisez les profits additionnels pour concevoir un nouveau programme de télémarketing et pour emprunter les fonds nécessaires, lorsque les taux d'intérêt sont peu élevés.

- Aidez votre entreprise à accroître sa part de marché en utilisant le télémarketing dans un effort concerté afin d'approcher la clientèle cible.

Les fonds sont rares en période de ralentissement économique, et toute expansion semble alors plus risquée. On devient souvent plus prudent en matière de gestion de trésorerie et d'option de financement. Il est intéressant de se pencher sur l'importance du télémarketing dans un tel contexte. Lorsque les temps sont difficiles :

- Servez-vous du télémarketing pour réduire les coûts d'appels de vente individuels et les frais de déplacement. Il s'agit d'un moyen de diminuer les coûts sans sacrifier pour autant la portée et le potentiel de vente. En fait, il peut les augmenter.

- Ayez recours au télémarketing pour rationaliser votre système de distribution ou votre traitement des commandes.

- En ce qui concerne les émissions d'appels, les télévendeurs peuvent, grâce à un texte bien conçu, démontrer leur compréhension de la conjoncture économique, dissiper les craintes des consommateurs et conclure des ventes.

Il faut tenir compte d'un autre facteur externe : la nature saisonnière de certaines ventes. Par exemple, une entreprise de vente en gros de matériel de ski voit ses mouvements de trésorerie et ses ventes ralentir au printemps et au début de l'été. Grâce à un programme de télémarketing souple, elle peut réduire son personnel au cours de la saison morte, puis l'augmenter à la reprise des affaires, à l'automne.

Il faut donc, avec la collaboration des éléments clés de l'entreprise, préparer une stratégie pour parer aux fluctuations de l'économie. Bref, il faut prendre les mesures qui s'imposent. Bien que l'on ne puisse contrôler *directement* les périodes de prospérité et de récession, il est possible de les faire jouer en sa faveur.

2. La concurrence. Comme dans le cas de tout nouveau projet d'entreprise, il faut examiner attentivement la concurrence afin de déterminer l'étendue de son propre potentiel de télémarketing.

- Menez une étude de marché approfondie. Combien d'entreprises offrent le même produit ou service? Si la concurrence est vive, renseignez-vous auprès de nouveaux fournisseurs pour savoir si vous pouvez lancer le produit à un coût moindre. Communiquez avec des représentants des institutions financières, des associations commerciales et autres afin de savoir comment vos concurrents sont perçus, et tentez de déterminer leurs points forts et leurs points faibles.

- Délimitez les régions où vous pouvez surpasser la concurrence ou combler un besoin non satisfait.

- Ensuite, ajoutez le télémarketing à votre stratégie d'ensemble et voyez comment il s'applique. Pouvez-vous distribuer le produit ou service à un coût moindre au moyen des ventes téléphoniques directes? Répondre aux appels de service plus rapidement que vos concurrents grâce à un numéro 800? Utiliser le télémarketing plutôt que d'autres médias plus coûteux? Pouvez-vous ainsi diminuer le prix sans sacrifier la qualité?

- Si la concurrence utilise déjà un programme de télémarketing, comment pouvez-vous concevoir un service amélioré et l'appliquer au sein de votre entreprise? Pouvez-vous, par exemple, rendre votre offre plus alléchante? Réduire les coûts (et partant, le prix) en faisant appel à un service-bureau plutôt que de mettre sur pied un centre de télémarketing d'entreprise comme fait l'un de vos concurrents? De concert avec la haute direction, élaborez une stratégie de télémarketing pour damer le pion à la concurrence.

3. Les lois fédérales et provinciales. Il faut également tenir compte des lois gouvernementales. Aux États-Unis, elles ont grandement influencé le télémarketing. En effet, il existe actuellement des dizaines de lois américaines aux niveaux fédéral et des États qui régissent l'industrie du télémarketing, notamment en ce qui touche le consommateur.

Le Canada n'a pas encore adopté de lois aussi strictes en la matière, mais un mouvement en ce sens prend peu à peu de l'ampleur. (Consultez le chapitre 5 à ce sujet.)

On ne peut tout simplement pas vendre certains produits ou services par téléphone. La Loi sur la protection du consommateur est conçue de façon à protéger les consommateurs canadiens contre les produits dangereux, la publicité trompeuse, les contrats frauduleux et ainsi de suite. Bien entendu, si votre entreprise se porte bien, ces lois n'affecteront nullement votre opération de télémarketing, mais il peut être sage de recourir aux services d'un avocat pour vous aider à comprendre la portée des lois en vigueur. Déterminez ensuite quelle influence pourront exercer les lois actuelles (ou futures) sur votre programme.

4. Les tarifs (téléphoniques et postaux). Puisque ces deux facteurs sont reliés aux coûts, ils touchent directement les opérations de télémarketing. Les entreprises qui utilisent la publicité directe dépendent grandement des services de livraison et postaux; les taux et les types de services offerts peuvent influer énormément sur les coûts d'exploitation et les profits. Les équipements téléphoniques constituent, bien entendu, l'élément vital du télémarketing. Par conséquent, toute restructuration tarifaire des services téléphoniques peut occasionner une remise en question des objectifs de l'entreprise.

Il faut trouver des façons de diminuer certains coûts. Serait-il moins coûteux, par exemple, pour joindre les clients cibles vivant dans une petite région bien délimitée, de faire appel à une entreprise privée pour la livraison de vos dépliants publicitaires? Votre compagnie de téléphone vous offre-t-elle des tarifs avantageux? Renseignez-vous également auprès du bureau de poste et des entreprises de livraison de votre région, puis élaborez une stratégie pour profiter pleinement des meilleurs tarifs.

5. La technologie. Les technologies de pointe peuvent jouer ou non un rôle important dans votre opération de télémarketing. Au début, il se peut qu'une simple opération de traitement des commandes ne nécessite qu'un téléphone et un bon de commande. Cependant, croissance exige, il s'avérera peut-être nécessaire d'utiliser un standard perfectionné pour répondre au nombre croissant d'appels ainsi que des ordinateurs pour le traitement et les stocks. Planifiez en tenant compte de l'avenir. Si vous prévoyez prendre de l'expansion, ne choisissez pas un système téléphonique inadéquat pour répondre à vos besoins futurs.

6. La clientèle. Qu'est-ce qui motive les consommateurs à acheter des produits ou des services? L'économie constitue certes un facteur important. Mais lorsqu'on connaît les habitudes d'achat de sa clientèle cible et les raisons qui la motivent à ne pas acheter, on peut faire jouer ces raisons en sa faveur. Le temps est venu d'avoir recours à l'étude de marché.

Avant d'instaurer un programme de télémarketing, vous devez tenir compte de ces effets à court et à long terme sur la clientèle actuelle et future. Lorsque le télémarketing a pris son envol au Canada, de nombreux clients ont déploré la perte de contacts personnels qu'ils jugeaient nécessaires en affaires. Certains ont même cessé de faire affaires avec des entreprises qui avaient adopté le télémarketing. Bien que de telles attitudes aient beaucoup changé, la réticence de la clientèle demeure un facteur dont les stratèges doivent tenir compte. On doit s'entretenir avec les clients clés pour connaître à l'avance leur réaction au programme projeté. On fait ainsi d'une pierre trois coups : on connaît leur opinion, on leur présente les avantages du télémarketing et on les prépare au programme.

L'ENVIRONNEMENT INTERNE

Les facteurs pouvant influencer la planification sont ceux qui, jusqu'à un certain point, peuvent être contrôlés et modifiés. Ces facteurs sont :

48

- l'attitude de la direction
- les ressources humaines
- les finances
- la technologie

1. L'attitude de la direction. Soyez honnête. Votre direction est-elle innovatrice ou pas? En général, plus l'entreprise est conservatrice, moins elle a tendance à innover ou à appuyer de nouvelles méthodes. D'abord, repérez les personnes qui sont en faveur du télémarketing et celles qui y sont carrément opposées. Puis, élaborez une stratégie pour rallier les sceptiques à votre cause. Soumettez-leur des études de cas et de la documentation à l'appui de votre projet. Soulignez aussi l'effet direct que le télémarketing aura sur eux. La peur du changement n'est souvent que la peur de l'inconnu.

Pour assurer la réussite d'une stratégie de télémarketing, il vous faut gagner l'appui complet des membres de la direction, car ce sont eux qui doivent établir les objectifs, engager les fonds, susciter la motivation et offrir le soutien moral. En sondant le degré d'appui que recevra votre programme de télémarketing avant de le mettre sur pied, vous aurez une bonne idée de ses chances de succès. Si la direction ne vous accorde pas tout son appui, envisagez une campagne de sensibilisation et faites circuler de l'information. Vous devrez consulter et convaincre toutes les parties touchées par le programme, soit les responsables de la comptabilité, du marketing, de la publicité, de la production et de la gestion des systèmes et des stocks.

L'entreprise devrait mettre sur pied un comité de direction de télémarketing ou, à tout le moins, nommer un cadre supérieur (de préférence le directeur principal du marketing) pour défendre la cause. Il va sans dire que les membres de cette équipe devront comprendre le télémarketing à fond.

2. Les ressources humaines. Deux facteurs interviennent. D'une part, comment les employés des services directement affectés par les activités quotidiennes du centre de télémarketing réagiront-ils au télémarketing? Comme nous l'avons mentionné, les représentants des ventes pourront y voir une menace au contrôle de leur clientèle et un effet négatif direct sur leurs revenus de commissions. En outre, certains représentants craindront de perdre leur liberté, leur indépendance et d'autres privilèges reliés à leur poste. À moins que ces craintes ne soient dissipées, un certain ressentiment peut se manifester, ce qui nuira à la coordination des ventes tant internes qu'externes. Évitez ce scénario en précisant des lignes de conduite nettes afin de chasser ces inquiétudes.

D'autre part, il faut choisir des chefs de service et un personnel compétents pour vos opérations de télémarketing. Les coûts les plus élevés du télémarketing sont ceux reliés aux ressources humaines, un élément essentiel de toute analyse de vente. Selon un vieil adage en affaires, un chef est un chef, peu importe sa place au sein de l'entreprise. Cela n'est pas nécessairement vrai. Un chef de télémarketing doit bien comprendre les bases de données et les ordinateurs, être rompu aux ventes et à la formation, en plus d'être un motivateur efficace, un communicateur habile et un diplomate. Il ou elle doit comprendre comment le télémarketing fonctionne en association avec d'autres disciplines du marketing direct et bien saisir les mécanismes d'une stratégie de télémarketing.

Pour tracer le portrait de la personne dont vous avez besoin, essayez de rédiger une description du poste de directeur du télémarketing, en mettant l'accent sur les compétences et les talents requis. Puis rédigez une brève description des talents et de l'expérience requis des télévendeurs.

3. Les finances. Quels sont les fonds et les ressources que votre entreprise investira? Le budget décidera de la taille et de la portée de l'opération. Si le programme proposé est peu ambitieux, les coûts seront minimes. Mais s'il est complexe et perfectionné, il entraînera une importante mise de fonds. À la section 3.6, vous trouverez les prévisions de coûts d'opération d'un centre de télémarketing d'entreprise. Dressez un inventaire des ressources disponibles qui peuvent alléger les coûts d'implantation d'un programme de télémarketing. Rappelez-vous toutefois ce que les économistes appellent les «coûts de renonciation». Cela signifie que l'affectation de ressources à un projet ou à un programme donné prive un autre secteur de l'entreprise. Dans votre stratégie, examinez l'effet qu'aura l'allocation de ces ressources réservées au télémarketing sur le reste de l'entreprise.

Puisque chaque activité de télémarketing est mesurable, cela permet de procéder à une analyse raisonnable des coûts en vue de préparer un budget ou de déterminer si le financement disponible peut assurer la mise en place d'un programme dont vous croyez avoir besoin.

4. La technologie. Vous devez considérer le facteur technologique si vous projetez de mettre sur pied une opération de télémarketing d'entreprise. On compte deux catégories. La première est la gestion des appels, qui fait référence à la technologie utilisée pour effectuer et recevoir des appels. Examinez votre système actuel : peut-il traiter le volume d'appels prévu? Devra-t-il être élargi au cours des trois prochaines années? Des périphériques comme les distributeurs automatiques d'appels (des systèmes qui répartissent également les appels entre les téléphonistes) sont-ils disponibles ou prévus au budget? Le perfectionnement des moyens technologiques, tout comme le niveau de financement, est relié à la complexité du programme, au volume d'appels prévu et aux coûts des améliorations et des modifications.

Les systèmes d'information constituent la seconde catégorie. Si l'on n'est pas informatisé, comment procède-t-on aux changements? Si par contre on dispose d'ordinateurs, quels sont-ils? Comment est conçue la base de données? En tire-t-on le plein rendement? Comment peut-on l'améliorer? Est-elle compatible avec le système téléphonique actuel? Quels sont les coûts des technologies de suivi et de classement que vous devrez adopter pour mettre sur pied un programme de télémarketing?

Il faut tenir compte de ces facteurs importants avant d'incorporer le télémarketing à votre entreprise. Ce qui suit vous indiquera comment intégrer ces facteurs à votre plan stratégique.

Enfin, celui-ci devrait établir très clairement que le télémarketing échouera, à moins qu'il ne fasse partie intégrante de votre exploitation entière.

51

L'EXEMPLE DE FISHER-PRICE CANADA INC.

Fisher-Price fait figure de proue dans le domaine du jouet et du mobilier pour enfant. Lorsque l'entreprise décida de mettre en place un programme de télémarketing, elle poursuivait les objectifs suivants :

1) augmenter les ventes des clients marginaux;
2) réduire les coûts des ventes;
3) offrir aux détaillants de petite taille un meilleur service à la faveur de contacts fréquents.

Voici, dans ses grandes lignes, la stratégie que la compagnie a élaborée avant de la mettre sur pied :

A. SITUATION ACTUELLE

1. Aperçu de l'entreprise et des affaires

- Type de programme
- Tendances du marché / de l'industrie
- Part du marché
- Concurrents principaux (points forts / points faibles)
- Canaux de distribution
- Nombre de vendeurs / de distributeurs
- Distribution géographique

2. Produit / service

- Bref historique, description
- Caractéristiques / avantages, atouts uniques
- Établissement des prix
- Positionnement
- Concurrence (points forts / points faibles)
- Historique de la promotion et des ventes

3. Marché / public cible

- Marchés principaux (géographiques, démographiques)
- Profil des clients actuels
- Définition de profils cibles : décideurs acheteurs; approbateurs; échantillonneurs; influenceurs; consommateurs
- Exigences du bilinguisme

---

4. **Base de données / listes / médias**
   a) Base de données clients
   - Origine des données
   - Saisie des données
   - Format d'entrée / de sortie
   b) Listes extérieures
   - Listes disponibles pour atteindre le marché cible
   c) Autres médias

5. **Hypothèses de planification**
   - Coût actuel par commande; coût par prospect
   - Coût actuel d'acquisition d'un nouveau client
   - Valeur actuelle de la clientèle permanente

B. MISE EN PLACE DU PROGRAMME
6. **Objectifs**
   a) Généraux
   - À court terme
   - À long terme
   b) Objectifs financiers
   - Coût cible par commande, coût par prospect
   - Coût cible de l'acquisition du client
   - Budget du programme

C. CRÉNEAUX COMMERCIAUX
7. **Choix offerts par le marketing direct et le télémarketing**
   - Rôle du marketing direct dans le mix marketing
   - Repérage des créneaux commerciaux
   - Types de contacts par téléphone
   - Ressources nécessaires pour l'application des programmes : base de données, services d'appoint, suivi assuré par le personnel de vente, etc.

D. STRATÉGIES

8. Offre
- Prix / produit
- Établissement des prix de la compagnie et celui des concurrents
- Offre spéciale de lancement
- Variations de l'offre

9. Médias
- Listes extérieures
- Imprimés
- Autres médias de publicité directe
- Publicité de sensibilisation

10. Essais
- Prix, mode de paiement
- Offre
- Média
- Présentation de vente

11. Présentation graphique
- Image / positionnement
- Brochures / articles / publicité directe
- Échantillons du matériel promotionnel

12. Services d'appoint et à la clientèle
- Exigences du traitement des commandes
- Méthodes de suivi
- Exigences du service à la clientèle

Un an après avoir mis sur pied ce programme de télémarketing fondé sur ces 12 points, Fisher-Price a augmenté ses ventes de 85 pour cent, un pourcentage incroyable.

Voici maintenant un cas qui présente une issue différente, mais qui souligne tout autant l'importance de la planification stratégique.

L'EXEMPLE DE SERVICE DE COURRIER LOOMIS — PRISE DEUX

Dans la «Mecque» des ventes et du marketing par téléphone, peu de personnes osent affirmer que «le télémarketing ne fonctionne pas toujours». Mais cela est vrai. Certains échouent malgré les meilleures intentions et une planification prudente. C'est ce qu'a découvert Loomis.

Loomis est une entreprise nationale qui compte des succursales dans tout le Canada et des centres régionaux à Vancouver, à Calgary, à Toronto et à Montréal.

Loomis a instauré le télémarketing à Vancouver à l'aide d'un merveilleux programme d'appels périodiques destiné à compiler une liste des clients inactifs à partir d'une base de données de l'entreprise. Le résultat fut impressionnant, comme nous l'avons vu précédemment. Convaincue que le télémarketing faisait désormais partie intégrante de son mix marketing, l'entreprise appliqua le programme à son bureau de Calgary, et les résultats furent aussi impressionnants. Toronto constituait la prochaine étape.

Loomis savait qu'elle détenait un bon produit qui pouvait se vendre avantageusement au téléphone. Elle savait comment choisir, embaucher, former, rémunérer et motiver ses représentants. Un bon directeur était à la barre, qui disposait de tous les bons outils en matière de systèmes de gestion d'appels.

Tout augurait bien. Loomis offrait le service d'enveloppes pré-affranchies le moins coûteux de la région de Toronto. Toutefois, on constata avec étonnement que le coût peu élevé ne procurait à l'entreprise aucune longueur d'avance sur ses concurrents. En fait, le coefficient d'appels par rapport aux ventes doubla à Toronto (pour passer à 16:1) par rapport à l'ouest.

L'entreprise se rendit compte que les clients cibles de Toronto étaient plus exigeants et plus sceptiques en général. Il s'agissait d'une vente plus difficile dans un marché moins tolérant, où l'entreprise n'était pas très connue.

Dans sa planification, Loomis avait omis de tenir compte de sa part de marché. En Alberta et en Colombie-Britannique, elle était en tête de peloton, mais à Toronto, elle n'occupait que le sixième rang.

Étant donné que Loomis pouvait évaluer ses résultats grâce à son *Key Performance Indicators Trend Report*, conçu pour évaluer les résultats et les profits, elle savait que l'opération était en difficulté. On prit des mesures pour réduire le mal, mais sans succès. Après un an, la direction prit la difficile décision de fermer boutique.

Loomis est-elle découragée et prête à joindre les rangs des «non-croyants» qui aiment à répéter que «le télémarketing ne fonctionne pas»? Découragée, sans doute, mais certainement prête à tenter sa chance de nouveau.

Selon le vice-président Gil Epneris, l'entreprise travaille déjà à la planification de nouvelles opérations de télémarketing à Montréal et sur la côte est. Mais cette fois-ci, elle ajoutera l'élément de la part de marché à sa planification globale. M. Epneris affirme que la stratégie des coûts peu élevés peut être repensée. L'entreprise pourrait augmenter les prix et cibler des usagers de produits haut de gamme afin de réaliser une meilleure marge de profit. Elle se servira certainement d'un programme de marketing intégré, qui utilise la publicité directe ou toute autre forme de promotion comme outil de sensibilisation et pour combler le manque de part de marché.

L'expérience de télémarketing à Toronto a appris à Loomis la valeur de la planification. Une étude conclut que l'«on tend à croire que le télémarketing est facile. Toutefois, il faut établir quelles seront les cibles des télévendeurs et quelles tâches ces derniers accompliront... Les chefs d'entreprises doivent définir des objectifs précis en matière de télémarketing au sein de leurs compagnies»[2].

LE TÉLÉMARKETING À L'OEUVRE : LISTE DE VÉRIFICATION

Si vous décidez d'opter pour le télémarketing, examinez attentivement la liste qui suit. Elle résume les principaux facteurs qui vous permettent de mesurer la réussite de votre opération de télémarketing.

---

[2] Marshall, Judith J. et Harrie Vrendenburg. "Successfully Using Telemarketing in Industrial Sales", *Industrial Marketing Management* 17 (1988), p. 22.

1. Assurez-vous l'appui de la direction.

Pour réussir, toute opération de télémarketing a besoin d'un «ange gardien», surtout au sein d'une moyenne ou d'une grande entreprise. Bien qu'un bon programme puisse survivre par lui-même, il est bien d'avoir un «avocat» auprès de la direction, qui veille à la promotion et se porte à la défense du programme, si la chose s'avère nécessaire. Le soutien de la direction se traduit par un appui financier et un personnel compétent, en plus de vous permettre de gagner du temps, d'influencer d'autres décideurs importants et d'intégrer le télémarketing à l'échelle de l'entreprise en douceur ou, jusqu'à un certain point, par la force.

2. Gagnez les représentants des ventes à votre cause.

Rien ne peut miner une opération de télémarketing comme des représentants des ventes insatisfaits. Si ces derniers ont l'impression que le télémarketing menace leur service, ils tâcheront, consciemment ou inconsciemment, d'y faire échec. En général, les vendeurs craignent de voir diminuer leurs commissions ou leurs privilèges, ou croient que leur clientèle «va en souffrir», toutes raisons valables. Pour contourner la difficulté, il faut les encourager à participer au stade de la planification du programme, leur présenter le concept et leur expliquer les raisons qui ont motivé l'adoption du télémarketing. Insistez sur les avantages qu'en tireront à la fois l'entreprise et, le cas échéant, eux-mêmes. Demandez-leur de vous faire part de leurs idées, d'exprimer leur opinion au sujet des gens à solliciter et du mode de sollicitation. Vous vous rendrez compte que la peur, le mécontentement ou la colère qu'ils éprouvent sont attribuables bien souvent à des malentendus. Gagnez-les à votre cause.

3. Intégrez le télémarketing au mix marketing.

Comme nous l'avons vu plus haut, si vous n'intégrez pas le télémarketing à l'ensemble de vos efforts marketing, le programme ne produira pas les effets escomptés. De fait,

cela pourra endommager, voire anéantir votre programme
de marketing. Il suffit de coordonner vos efforts.

4. *Soyez patient.*

En raison de tout le tapage au sujet des avantages du
télémarketing, les gens s'attendent parfois à des résultats
immédiats. Le télémarketing requiert à la fois du temps et
une certaine formation, et vos télévendeurs, représentants
des ventes et clients mettront un certain temps à s'y habituer.
La meilleure planification ne permet pas de prévoir toutes
les difficultés, et il faut procéder à des ajustements. C'est
pourquoi je recommande une période de rodage de trois à
cinq mois ainsi que l'étalement graduel de programmes
ambitieux auprès de la clientèle afin d'aplanir les difficultés.
En fait, un bon planificateur ne doit pas s'attendre à des
résultats tangibles avant une année complète.

5. *N'ayez jamais recours au télémarketing comme mesure de renflouement.*

On a parfois recours au télémarketing pour renflouer une
publicité directe mal dirigée, et cela en explique l'échec. Le
scénario ressemble au suivant. La publicité directe ne produit
pas les résultats escomptés, et quelqu'un suggère de téléphoner à la clientèle du marché ciblé. Les résultats de ce type
de télémarketing d'émission d'appels sont généralement
insatisfaisants. On croit alors que le programme est voué à
l'échec et on le met au rancart. Si votre offre est peu
alléchante et / ou que votre marché ciblé est faible, aucun
programme de télémarketing ne saura vous tirer d'affaire.

6. *Ne prenez pas les bouchées doubles.*

En tentant simultanément de sabrer dans les coûts de
marketing et des ventes, d'offrir un meilleur service à la
clientèle et d'accroître le chiffre d'affaires, la direction utilise
souvent, à tort, le télémarketing comme une panacée. Pour
la majorité des entreprises, le télémarketing se présente
comme une nouvelle manière de conduire des affaires. Les

MEMO

effets du télémarketing se répercutent sur tous les aspects de l'entreprise, sur l'embauche et les salaires, la publicité et la promotion ainsi que l'exécution des tâches et la comptabilité. Au lieu de dynamiter votre structure organisationnelle, étalez votre programme, et permettez à votre entreprise de se familiariser avec un aspect du télémarketing avant d'en introduire un autre. Les bouchées doubles mènent droit à l'indigestion.

7. *Fixez des objectifs mesurables.*

On ne peut trop insister sur le besoin de fixer des objectifs *précis* et *mesurables.* L'installation d'une ligne 800 «afin d'améliorer le service à la clientèle» constitue un objectif très noble. Toutefois, à la fin de votre période d'essai, comment saurez-vous si vous avez atteint votre objectif? Comment mesurer «l'amélioration du service à la clientèle»? De la même manière, si votre application de télémarketing est axée sur les ventes directes, vous devez disposer d'une comptabilité précise afin de mesurer le rendement. En l'absence d'indicateurs, vous ne saurez jamais si votre programme a réussi.

8. *Embauchez du personnel compétent.*

Votre stratégie de télémarketing fait l'envie de l'industrie et vous jouissez de ressources importantes ainsi que du soutien de la direction et des représentants des ventes. Mais si votre centre de télémarketing ne dispose pas d'un personnel compétent, votre programme est voué à une mort lente (ou rapide) et pénible. Le télémarketing ne peut exister sans ressources humaines, lesquelles constituent sa force. Une des erreurs les plus courantes consiste à demander à la réceptionniste ou au préposé aux stocks d'effectuer et de recevoir un certain nombre d'appels, en plus d'accomplir leurs activités et tâches existantes. Il faut recruter des personnes compétentes, les former, leur présenter un cheminement de carrière, suivre leurs activités et surveiller la marche du programme.

9. *Ne lésinez pas.*

Nous subissons tous les effets des compressions budgétaires et devons apprendre à nous débrouiller avec les
moyens du bord. Toutefois, si le télémarketing est une
composante nouvelle de vos activités commerciales, vous y
perdrez en tentant de mener une telle opération avec des
moyens restreints. Je n'affirme pas qu'il faut disposer d'un
compte bancaire suisse pour mettre sur pied un service de
télémarketing, mais j'estime qu'il faut allouer prudemment
les fonds nécessaires à la bonne marche des activités du
service. Le recours à une chaise usagée et à un appareil
téléphonique noir à cadran désuet peut vous épargner
quelques dollars, mais vous y perdrez sur le plan de la
frustration et de l'épuisement de l'effectif, et votre
opération se transformera en véritable cauchemar. Ne pas
investir dans la promotion de votre nouvelle ligne 800
constitue un moyen sûr de payer des télévendeurs à ne
rien faire et de retirer peu ou pas de bénéfice de vos
opérations de télémarketing. Si votre clientèle est importante et que vous désirez la joindre régulièrement au
moyen d'appels périodiques, envisagez l'automatisation.
Un ordinateur et un logiciel peuvent s'avérer un investissement additionnel opportun.

Le message est clair : si vous n'êtes pas prêt à investir le
temps et les ressources nécessaires, votre programme de
télémarketing ne vous conduira nulle part, sinon à l'échec.

2.2   L'INTÉGRATION DU TÉLÉMARKETING À VOTRE ENTREPRISE

Après avoir mis au point tous les détails du plan stratégique, vous
devez l'exécuter. Voici certains éléments qui composent traditionnellement l'environnement commercial et qui peuvent être
adaptés au télémarketing. L'exemple utilisé touche surtout les
secteurs de la fabrication et du détail, mais de nombreux aspects
se rapportent également aux industries de services.

La publicité et la promotion. En collaboration avec les autres divisions de l'entreprise, l'équipe de publicité met sur pied une solide campagne de publicité-médias en faisant paraître des annonces dans des publications d'affaires et de consommation appropriées. Elle établit l'image de marque de l'entreprise et vante la qualité supérieure et le prix concurrentiel du produit ou du service offert. Elle organise également une vaste campagne de publipostage bien orchestrée, à laquelle se greffe un programme de télémarketing de réception et d'émission d'appels. Afin que tous soient au courant de la nouvelle approche commerciale, le matériel utilisé est diffusé à l'échelle de l'entreprise. Bien entendu, la mesure attire toutes sortes de prospects, qui seront servis par le personnel de vente.

Mais il se peut que vous ayez à réorganiser ce département. Par exemple, il serait peut-être plus rentable que les vendeurs téléphonent aux clients marginaux plutôt qu'ils ne leur rendent visite, tandis que les représentants qui traitent déjà avec les clients plus importants peuvent continuer leurs visites.

Le télémarketing peut être très efficace, lorsque les vendeurs, tant internes qu'externes, travaillent en collaboration. Mais comment se partageront-ils la clientèle? Comment calculeront-ils les commissions? La mise sur pied d'un programme de vente commun sous la responsabilité de la direction est essentielle. Les deux groupes doivent s'entendre sur la manière de procéder avec les clients et les prospects, de s'assurer du suivi, d'initier les ventes et d'effectuer la rotation des clients. Voici comment certaines responsabilités pourront être partagées.

L'équipe de vente interne. On remet à l'équipe de vente interne une liste de prospects, qui peut être dressée à partir des réponses obtenues par la publicité directe, de votre base de données ou d'une liste achetée ou louée auprès d'un courtier. Puis, selon les directives de la direction, l'équipe interne téléphone aux prospects et applique les arguments de vente de la campagne de publicité-médias. L'équipe interne tente de conclure des ventes auprès du plus grand nombre de prospects.

L'équipe de vente externe. Si les clients désirent en savoir davantage avant d'acheter, les télévendeurs internes collaborent avec le personnel des ventes externes afin d'organiser des rendez-vous, car il connaît parfaitement le produit ou le service, et peut représenter avantageusement l'entreprise. Rien ne remplace une rencontre personnelle pour créer ou maintenir un lien entre le vendeur et le client, surtout s'il s'agit de clients importants ou de longue date. Plus encore, le représentant des ventes peut recueillir des renseignements précieux sur les besoins des clients ou les activités des concurrents.

Le comptoir des commandes et le service à la clientèle. Le personnel du comptoir des commandes et du service à la clientèle collaborent étroitement sous la direction de la division des ventes de l'entreprise. Les deux services peuvent même être fusionnés.

En prévision de l'augmentation des ventes dû au télémarketing, on accroît les effectifs du service de la prise de commandes. Le groupe accomplit des tâches reliées au télémarketing de réception d'appels : surclassement des ventes, ventes latérales, etc. Parfaitement au courant de la promotion et des prix cités dans la campagne de publicité-médias, ils peuvent répondre à toutes les questions et utiliser plusieurs stratégies pour augmenter les ventes. Ils transmettent immédiatement toutes les commandes aux services d'expédition et de facturation, afin qu'elles soient traitées avec ponctualité. En outre, ils communiquent au personnel des ventes externes les noms des clients qui désirent rencontrer les représentants.

En même temps, le service à la clientèle se voit confier une nouvelle tâche de télémarketing de réception d'appels. Le groupe doit maintenant prêter l'oreille aux éloges et aux plaintes de la clientèle au sujet du produit ou du service. Le produit est-il à la hauteur de la campagne de publicité? Si tel n'est pas le cas, on doit modifier non seulement la campagne, mais également la façon dont les équipes des ventes internes et externes font la promotion du produit.

Y a-t-il des problèmes de distribution? Il faut alors examiner le service de l'expédition et apporter les correctifs requis. La clientèle est-elle satisfaite d'une caractéristique particulière du produit ou du service? Il est bon de communiquer ce renseignement au personnel de la publicité et des ventes.

Dans les entreprises où l'on choisit de fusionner le comptoir des commandes et le service à la clientèle, le personnel du service à la clientèle accomplira aussi des tâches de télémarketing de réception d'appels telles que la vente latérale, le surclassement des ventes et ainsi de suite. Le service à la clientèle peut également adopter une approche proactive qui assure un suivi auprès du client après une vente, pour connaître le niveau de satisfaction de ce dernier.

La direction et l'administration. Pendant ce temps, grâce à la collaboration de chacun, la direction et l'administration définissent les stratégies commerciales et de dotation futures en se fondant sur la réaction à la campagne de publicité-médias.

Bien que les renseignements recueillis par le personnel des ventes soient précieux, il faut également procéder à une étude de marché structurée à ce stade-ci; ainsi on peut obtenir une information objective exempte de la subjectivité et des préjugés des employés et jeter une lumière nouvelle sur la façon d'exercer des activités commerciales.

2.3   L'ÉTUDE DE MARCHÉ

Au cœur de toute étude de marché se trouve une base de données bien conçue, accessible à toute l'entreprise par l'entremise de l'informatique et du téléphone.

L'étude de marché comprend deux types de données : les *données secondaires*, qui ont déjà été préparées par d'autres sources, et les *données primaires*, que l'on conçoit, commande et recueille à l'interne. Nous ne nous attarderons pas ici aux données secondaires. Disons seulement qu'il existe une variété de bases de données informatisées qui offrent un moyen rentable de recueillir les données de base d'un marché précis susceptibles d'intéresser une entreprise. Les bibliothèques, les journaux et les entreprises telles que la société canadienne Infomart, comptent parmi les ressources auxquelles on peut avoir recours pour recueillir ce genre d'information.

La recherche primaire vous aide à définir et à repérer vos clients. Le télémarketing constitue maintenant l'instrument le plus puissant et le plus rentable de collecte des données primaires. S'il s'agit de distribution ou de ventes d'entreprise à consommateur, les données primaires servent à répondre à des questions relatives au domicile des clients éventuels, leur âge, leur niveau d'éducation, leur revenu, leur situation familiale, leurs habitudes d'achat actuelles, leurs loisirs; on veut aussi connaître leur avis sur les qualités et les défauts des produits et des services de concurrents éventuels.

Si vous vendez votre produit ou service à d'autres entreprises, il se peut que vous désiriez savoir qui sont leurs fournisseurs à l'heure actuelle, quel est leur créneau commercial, où se positionnent-ils, s'ils disposent d'un budget pour votre type de produit ou service, quelles sont leurs habitudes d'achat et si leurs concurrents utilisent un produit semblable au vôtre, etc.

La cueillette de données primaires, qui nécessite du savoir-faire et de l'adresse, peut souvent s'effectuer conjointement avec un conseiller qui possède une formation précise dans le domaine. Cependant, lorsqu'un plan d'étude de marché a été adopté, la direction, le personnel des ventes, le personnel du service à la clientèle, les conseillers en publicité et le personnel chargé de l'élaboration d'un produit peuvent tous contribuer à le maintenir à jour.

Les trois méthodes utilisées pour mener une étude de marché ont toujours été le courrier, la visite et l'interview téléphonique. Grâce au raffinement des technologies de télémarketing, le téléphone est devenu l'instrument de prédilection. Examinons certaines façons de mener une étude de marché à l'aide du télémarketing.

Les sondages d'opinion. Le télémarketing de réception et d'émission d'appels s'applique à ce type d'étude de marché. L'exemple le plus évident en matière de télémarketing de réception d'appels est l'utilisation d'un numéro 900 qui permet aux clients, à un coût minime (lorsque ce dernier n'est pas absorbé par le commanditaire), d'exprimer leur opinion tant sur les émissions télévisées que sur de nouveaux produits capillaires. Au chapitre du télémarketing d'émission d'appels, les télévendeurs peuvent sonder rapidement et efficacement l'opinion des gens sur une ou plusieurs caractéristiques d'un produit ou d'un service, ou sur la concurrence. Ces sondages d'opinion par téléphone peuvent aussi dresser un profil exact de votre clientèle.

Repérage des prospects ciblés. L'utilisation des sondages électroniques automatisés, comme nous le verrons, est controversée. Des sondages bien conçus, menés à l'aide de téléphones à clavier, permettent aux personnes interrogées de faire connaître leurs besoins directement. Elles abaissent la touche qui correspond au numéro de leur choix, et ce renseignement s'inscrit automatiquement dans la mémoire d'un ordinateur qui peut l'analyser presque instantanément. Bien entendu, le sondage doit être bien conçu, si l'on désire obtenir des résultats objectifs et précis.

Suivi des questionnaires postaux. Si les consommateurs ne sont pas toujours disposés à répondre à un questionnaire ou à un sondage postal, ils peuvent l'être davantage s'il s'agit d'un sondage mené par un chercheur téléphoniste. Grâce à l'informatique, les renseignements entreront directement dans un système de base de données.

Les données relatives aux réalités du marché, recueillies grâce à une étude de télémarketing continue, peuvent servir régulièrement à tous les niveaux de l'entreprise.

2.4 LE TÉLÉMARKETING ET LE MIX MARKETING

Dans le monde actuel, le marketing est omniprésent dans tous les aspects de l'entreprise, et vice versa. D'habitude, le marketing consiste dans toute activité qui touche les ventes, la promotion et la publicité, et les véhicules traditionnels en sont le publipostage, de même que la publicité imprimée, radiodiffusée et télévisée.

D'excellentes raisons oeuvrent en faveur de la conception d'un plan de marketing qui combine le télémarketing avec ces médias. Le télémarketing utilisé conjointement avec les autres médias répertoriés ci-dessous améliore de façon marquée la valeur de chaque média utilisé. Pour déterminer quelle est la combinaison idéale pour votre entreprise, nous devons examiner un peu plus en détail les points forts et les points faibles de chaque média.

LE PUBLIPOSTAGE

Le publipostage consiste habituellement à envoyer à des consommateurs cibles des lettres soigneusement conçues et adressées personnellement qui décrivent le produit, le service ou la promotion offerts. En général, ces lettres sont assez brèves, pleines de mordant, et incitent le destinataire à agir immédiatement pour profiter d'une offre spéciale.

Quelques remarques sur le publipostage
* Les consommateurs considèrent souvent le publipostage comme de la paperasse et agissent en conséquence. Des taux de réponse se situant entre 1 et 2 pour cent sont fréquents. Pour obtenir un nombre de réponses satisfaisant, les entreprises doivent envoyer un nombre considérable de lettres.
* La campagne de publipostage entre en compétition directe avec les factures, les lettres et les autres articles que reçoit le prospect.

- Les campagnes mal orchestrées des autres entreprises qui ont utilisé le publipostage peuvent miner la crédibilité de ce support publicitaire... et votre campagne.

Le télémarketing et le publipostage

- Un numéro 800 peut augmenter le taux de réponse à une campagne de publicité directe. Comme dans le cas de Lee Valley Tools, la valeur moyenne d'une vente peut augmenter de 20 pour cent.
- Grâce à une liste existante, on délimite un marché précis, lequel fait l'objet d'un publipostage. Les prospects non ciblés sont peu nombreux, et il s'agit d'un moyen très rentable d'atteindre des clients éventuels.
- Un publipostage tend à durer plus longtemps que la publicité à la télévision, à la radio ou dans les journaux. Par exemple, les gens intéressés peuvent mettre l'offre de côté et l'examiner ultérieurement, pour y donner suite.
- Le publipostage constitue un des moyens d'établir un rapport personnel avec les prospects éventuels.

Le publipostage s'avère sans doute l'une des méthodes les plus populaires pour engendrer des demandes de renseignements. Voyez votre dépliant publicitaire comme une carte d'affaires pour présenter votre entreprise et aider les prospects à en savoir davantage à votre sujet. Si ces derniers passent leurs commandes par téléphone, la promotion pourrait comprendre un autocollant détachable sur lequel apparaît le numéro 800. Consultez l'illustration 1 de la page 68.

Les télévendeurs d'un service de télémarketing d'émission d'appels veulent savoir si les clients cibles ont reçu la lettre. Dans le cas contraire, on peut leur en faire parvenir une et leur téléphoner ultérieurement. (Ce qui permettra également de vérifier où en est le processus de publipostage.) Si le prospect a changé d'adresse ou ne travaille plus au sein de l'entreprise, il est temps de revoir la liste de diffusion. Si par contre le prospect a bel et bien reçu le matériel promotionnel, le télévendeur peut profiter de l'occasion pour conclure une vente.

Notez qu'il faut échelonner la diffusion des lettres pour permettre aux télévendeurs d'assurer un suivi assez rapide. Si une entreprise veut joindre 5 000 clients, combien de jours-télévendeurs seront nécessaires pour y parvenir? En supposant que l'on peut effectuer 50 contacts par jour, 100 jours-télévendeurs seront requis. Selon le nombre de télévendeurs employés, il faudra décider si l'on divise le publipostage en deux, trois ou quatre segments.

ILLUSTRATION 1 : Exemples d'autocollants détachables

LA PUBLICITÉ RADIODIFFUSÉE ET TÉLÉVISÉE

Les deux formes décrites ici sont, évidemment, les annonces télévisées et les messages radiodiffusés.

Quelques remarques sur la publicité télévisée

* La production d'une annonce télévisée est extrêmement coûteuse.

* Les annonces doivent être diffusées à maintes reprises pour avoir une efficacité maximale, ce qui augmente le coût de la campagne.

* Il peut être difficile de cibler le public visé. De nombreux téléspectateurs n'auront aucun besoin du produit ou du service, peu importe le nombre de fois qu'on l'annonce.

* Avec l'apparition des magnétoscopes, de nombreux consommateurs enregistrent des émissions et font dérouler les annonces en accéléré. En outre, des statistiques relevées au sein de l'industrie indiquent que moins de gens semblent regarder la télévision de nos jours, sans doute parce qu'ils préfèrent louer des films. Il est donc difficile de savoir précisément combien de personnes on peut atteindre.

* La radio compte des auditoires plus restreints et plus spécialisés.

* La publicité radiodiffusée est souvent moins coûteuse que la publicité télévisée.

Par ailleurs :

* La publicité télévisée présente l'entreprise comme une figure de proue dans son domaine, lui assure une grande visibilité et rehausse son image.

* Les annonces télévisées peuvent joindre un très vaste public.

* Une annonce télévisée peut être imaginative et divertissante, et constituer une excellente façon de transmettre un message.

- Les annonces télévisées ont une influence instantanée et peuvent donc entraîner une réponse instantanée.

Le télémarketing et la publicité radiodiffusée et télévisée. Le télémarketing augmente considérablement les effets de la publicité radiodiffusée et télévisée. La technique évidente de télémarketing de réception d'appels est l'utilisation d'un numéro sans frais qui apparaît à chaque annonce, afin d'inciter les consommateurs à appeler immédiatement pour obtenir des renseignements ou passer une commande. Bien entendu, on doit disposer d'un nombre suffisant de téléphonistes pour répondre à ces demandes lors de la diffusion des annonces, parfois même à raison de 24 heures par jour, pendant un certain temps.

La vente directe au consommateur constitue l'utilisation du télémarketing et des médias la plus répandue. Les entreprises qui vendent leurs produits à d'autres entreprises peuvent également profiter de la combinaison du télémarketing et de la télévision.

Les gens d'affaires ne se postent pas devant leur téléviseur pour regarder leur émission préférée, armés de leur agenda. Cependant, si l'annonce qui est diffusée pendant qu'il sont à la maison est suffisamment efficace, elle les incitera peut-être à téléphoner pour passer une commande depuis leur bureau, le lendemain.

Peu importe l'utilisation que l'on fait de la combinaison, les annonces doivent souligner les détails importants tels le paiement par carte de crédit, la durée limitée de l'offre et d'autres conditions de vente. On doit présenter au consommateur des directives simples et faciles à comprendre, et le numéro 800 doit apparaître à l'écran pendant au moins 15 secondes. Enfin, il faut répondre à la demande rapidement. En effet, les consommateurs s'attendent à pouvoir profiter de l'offre immédiatement.

LES IMPRIMÉS

On peut lancer une campagne de publicité dans les quotidiens ou les hebdomadaires, les revues spécialisées ou les journaux professionnels.

Quelques remarques sur les imprimés

* Étant donné la diffusion générale des journaux, il est probable que l'annonce passera inaperçue auprès de ceux qui n'ont pas besoin de votre produit ou service.

* Les journaux ne sont pas en vente pendant très longtemps, et les annonces doivent passer souvent pour être efficaces, ce qui est coûteux (moins, cependant, que la publicité télévisée).

* Tous les lecteurs ne lisent pas le journal de la première page à la dernière. Il y a bien des chances que votre public cible puisse parcourir rapidement l'annonce, sans qu'elle ne retienne son attention.

Par ailleurs :

* Les données d'un journal sont précises, et ses lecteurs nombreux. Plusieurs membres de la famille, par exemple, lisent probablement le journal, notamment les décideurs.

* Parce que les journaux ne sont pas en vente longtemps, les consommateurs ou les gens d'affaires peuvent être incités à agir promptement, avant qu'on ne mette un terme à l'annonce et que l'offre ne se termine.

* Le facteur de crédibilité des annonces qui figurent à côté d'articles d'actualité est élevé.

   Pour de nombreuses raisons, les revues spécialisées et les journaux professionnels ont connu une croissance considérable depuis quelques années.

Quelques remarques sur la publicité dans les revues spécialisées et les journaux professionnels

* La publicité dans les revues est plus coûteuse que celle dans les journaux.

* Comme dans le cas des journaux, les lecteurs peuvent parcourir les annonces rapidement, sans attention.

* Puisque les revues sont en circulation plus longtemps que les journaux, la publicité qu'on y trouve n'incite pas les

lecteurs à agir rapidement. La réponse à la campagne est donc plus lente.

Par ailleurs :

- Les annonceurs savent qu'en grande partie, ils parviendront à atteindre le marché visé.
- Les revues sont en circulation plus longtemps. On les garde souvent pendant au moins une semaine ou un mois, et on peut les consulter souvent pendant cette période.
- Comparativement à une annonce dans les journaux, le style d'une annonce de revue peut être davantage recherché. Le papier est glacé, la reproduction est plus fidèle et les couleurs sont plus nettes. On transmet un message de distinction.
- Les revues font habituellement appel à des marchés de lecteurs bien définis.

Le télémarketing et les annonces imprimées. Le premier objectif d'une campagne alliant imprimés et télémarketing est simplement d'inciter le lecteur intéressé par l'offre à remplir un coupon afin d'obtenir des renseignements supplémentaires. Dans ce cas, la publicité imprimée restreint le nombre de prospects éventuels auprès desquels le personnel de télémarketing doit assurer un suivi, puisque les coupons reçus constituent une liste de prospects ciblés.

Si toutefois l'objectif est d'augmenter immédiatement les ventes, un numéro 800 (ou un numéro local, si le produit ou le service est offert dans une région restreinte) doit apparaître à chaque annonce. Encore une fois, il faut préciser les conditions de vente telles que le paiement par carte de crédit, l'envoi des biens contre remboursement, les frais de livraison, etc., afin d'éviter les pertes de temps. Ensuite, les télévendeurs doivent être prêts à donner suite aux enregistrements de commandes et aux demandes de renseignements.

LE TÉLÉMARKETING ET LA PROMOTION

Une offre alléchante telle qu'un rabais, ou l'occasion de réaliser un bénéfice ou une vente grâce au produit ou au service, peut rehausser considérablement l'efficacité de toute la campagne de marketing. Un rabais de 25 pour cent, par exemple, peut être annoncé dans des imprimés ou à la radio et à la télévision, soutenu par une campagne de publipostage et renforcé par l'équipe de télémarketing. La promotion peut constituer le fil conducteur de toute la stratégie de la campagne-médias.

L'EXEMPLE DE JEAN-LOUIS RENAUD DISTRIBUTION

Cette entreprise, dont Jean-Louis Renaud est propriétaire, distribue des produits capillaires de qualité. Jean-Louis Renaud, un des coiffeurs les plus réputés de France avant son installation à Montréal, s'est taillé une réputation enviable dans le monde montréalais de la coiffure. Il détient également les droits exclusifs de distribution au Canada d'un produit naturel de France appelé PHYTO, qu'il vend à des commerçants et des consommateurs partout au pays. Comment? Grâce à un numéro 800.

Il fait la promotion de ses produits auprès des consommateurs dans les meilleures revues de mode comme *ELLE Québec* et *Toronto Life Fashion*. Une annonce de deux pages en couleur, qui présente les produits PHYTO, invite les consommateurs à appeler au numéro sans frais pour connaître l'adresse du détaillant le plus près. La publicité des produits se fait également dans les revues spécialisées en coiffure, comme *Instyle*.

Lorsque les commerçants téléphonent, Marie-Hélène, la télévendeuse, note le nom, l'adresse, etc., et envoie une trousse de produits ainsi qu'un vidéo de promotion au prospect. Puis, elle effectue un appel de suivi et, si le commerçant est intéressé, elle fixe un rendez-vous. Elle confirme la visite de Jean-Louis Renaud lors d'un second appel, la veille du rendez-vous.

Jean-Louis Renaud Distribution a également recours, avec succès, au télémarketing pour effectuer des appels périodiques aux clients actuels et des appels impromptus auprès de nouveaux salons de coiffure (dont les noms figurent dans les Pages Jaunes). Puisqu'il s'agit d'une entreprise relativement nouvelle, les mouvements d'encaisse sont cruciaux. Si un compte n'est pas réglé par suite de l'envoi d'une lettre, Mme Renaud téléphone au client; elle s'est rendu compte que la plupart d'entre eux avaient simplement oublié de payer, ou qu'ils comprenaient mal la facturation, et qu'un simple appel entraînait souvent un paiement.

Au début, Jean-Louis Renaud était quelque peu sceptique quant à la valeur et à la portée du télémarketing. Il avait prévu embaucher un représentant dans les provinces de l'Ouest pour prendre en charge les ventes dans cette région durant la deuxième phase de son plan commercial. Mais après environ un an, il s'est aperçu qu'il pouvait mener ses affaires depuis l'autre extrémité du pays en utilisant seulement le téléphone et un petit ordinateur.

Renaud a percé un marché national en utilisant une combinaison de publicité imprimée et de télémarketing et grâce à une équipe de seulement trois personnes, incluant lui-même. Son opération modeste a ciblé un créneau restreint (des salons haut de gamme et une clientèle bien nantie), mais les résultats sont exceptionnels.

3

3.1   LES SERVICE-BUREAUX DE TÉLÉMARKETING

À présent, vous êtes convaincu que votre entreprise profitera du télémarketing. Que faire maintenant? Avant de mettre sur pied un programme de télémarketing, il faut d'abord vous demander à quels moyens vous aurez recours. Établirez-vous un service de télémarketing sur place, c'est-à-dire un *centre de télémarketing d'entreprise*, ou ferez-vous appel à des firmes spécialisées, les *service-bureaux*, pour mener les campagnes extérieures? Le présent chapitre se penche sur la deuxième option.

Les service-bureaux sont des entreprises qui peuvent vous aider à mettre sur pied et à démarrer un programme de télémarketing à l'extérieur de votre entreprise. Leur personnel peut agir à titre de conseillers et vous aider à concevoir et à mettre en oeuvre le plan de télémarketing le mieux adapté à vos besoins. Il travaille avec vous à la conception de la stratégie de télémarketing, en plus de fournir le personnel, la formation, le matériel et l'espace requis.

Les agences se spécialisent dans des domaines précis. Certaines, par exemple, n'offrent que des services d'émission d'appels, notamment la vente directe de produits, l'enregistrement de rendez-vous destinés à la vente, le suivi des campagnes promotionnelles par correspondance, les études de marché et les sondages, le renouvellement et la vente d'abonnements, la promotion de cartes de crédit, le suivi du service à la clientèle, la collecte de fonds, la vente latérale à la

75

clientèle actuelle, etc. D'autres ne s'intéressent qu'au télé-marketing de réception d'appels, et leurs services comprennent la prise de commandes téléphoniques et le complément de vente en fonction des nouvelles occasions (un service que l'on peut coordonner aux programmes de télémarketing d'émission d'appels), la cueillette de données, l'explication des règles de participation à un concours, la prestation de renseignements relatifs aux services offerts sur un produit ou une gamme en-tière de produits d'une entreprise, etc.

Un grand nombre d'agences dirigent des programmes de réception et d'émission d'appels également. Cependant, si votre programme doit porter exclusivement sur l'un ou l'autre de ces aspects du télémarketing, il sera peut-être plus sage de faire appel à un service-bureau spécialisé.

Certaines se spécialisent dans le télémarketing d'entre-prise à entreprise, d'autres, dans les ventes téléphoniques d'entreprise à consommateur. Quel que soit le service-bureau auquel vous faites appel, rappelez-vous que son personnel représente vos intérêts. Il devient le personnel de première ligne de votre entreprise.

Le recours à un service-bureau comporte toutefois un cer-tain nombre de désavantages :

La coordination. L'utilisation conjointe de votre personnel de vente et d'un service-bureau peut donner lieu à des problèmes logistiques. Par exemple, il se peut qu'un de vos vendeurs téléphone par inadvertance à un client avec qui un télé-vendeur du service-bureau a déjà communiqué. Les risques de mauvaise communication — ou d'absence de communication — entre les équipes existent.

La connaissance de votre entreprise. Il se peut que le per-sonnel du service-bureau ne connaisse pas votre produit ou service aussi bien qu'il le devrait. Il peut ne pas mettre suf-fisamment l'accent sur ce qui vous distingue de vos con-currents et, partant, ne pas bien représenter votre entreprise. Les télévendeurs des service-bureaux ne sont généralement pas familiers avec la politique de votre entreprise et ignorent souvent à qui s'adresser pour répondre aux questions des clients.

Le contrôle. Lorsqu'un fournisseur comme un service-bureau se trouve à l'extérieur de vos locaux, il est plus difficile de contrôler les coûts, l'approche de vente, le rendement des télévendeurs, l'image de votre entreprise, etc.

La loyauté. Confié à un service-bureau, le programme de télémarketing d'une petite entreprise peut souffrir d'un manque d'attention. En outre, si un concurrent plus important s'adresse à la même agence, il se peut que cette dernière hésite à continuer à vous servir.

L'approche. Par définition, les service-bureaux traitent un grand nombre d'appels quotidiennement. Cela signifie parfois qu'ils ne s'attardent pas aux détails, ce qui peut diminuer la qualité de leur service.

Le personnel. Certains service-bureaux tentent d'améliorer leurs marges en offrant des salaires peu élevés à leur personnel. Cela se traduit souvent par une rotation fréquente et un niveau de loyauté et de motivation peu élevé.

Le temps. Lorsqu'on a recours à un service-bureau, certaines tâches, comme le traitement des commandes, le suivi des appels et les recherches peuvent prendre plus de temps.

Par ailleurs, les agences qui représentent un grand nombre d'entreprises différentes présentent des avantages marqués, notamment sur les plans suivants :

L'investissement. L'investissement initial est minime. Il n'est pas nécessaire d'embaucher de personnel, d'acquérir de matériel téléphonique ou d'utiliser une portion de son espace existant.

La souplesse. On peut éprouver l'efficacité de son programme de télémarketing en faisant appel à une agence, puis en modifiant le programme assez rapidement après avoir consulté les conseillers du service-bureau.

Aucun engagement à long terme. Si votre programme de télémarketing ne tourne pas rond, vous pouvez le modifier ou l'annuler sans avoir à congédier votre personnel, à réorganiser vos locaux ou à vous départir du matériel.

La supervision. Vous n'avez pas à superviser les télévendeurs (bien que vous deviez travailler en étroite collaboration avec le service-bureau afin que ses télévendeurs vous représentent adéquatement).

L'expérience. Les agences de télémarketing spécialisées possèdent une vaste expérience, et mettent leur compétence à la disposition de votre entreprise.

La tenue de dossiers. Les agences de télémarketing fiables disposent de systèmes de tenue de dossiers précis et pratiques. Ces derniers peuvent vous être très utiles dans le cadre des évaluations de coût, des études de marché, de la préparation de listes, de la prospection de clients, etc.

Le service de 24 heures. Par exemple, si vous choisissez de faire une campagne promotionnelle par des réclames télédiffusées hors des grandes heures d'écoute, cela peut nécessiter la présence d'une personne affectée à la réception d'appels le jour ou la nuit. La plupart des entreprises ne peuvent pas s'occuper d'une pareille tâche elles-mêmes, tandis que les service-bureaux sont bien équipés à cette fin. Notez que certains se servent d'un répondeur automatique la nuit.

Un rendement éprouvé. Vous pouvez facilement évaluer les réalisations d'un service-bureau en jetant un coup d'oeil sur ses résultats antérieurs et en parlant à d'autres entreprises qui ont fait appel à la firme. Par contre, vous ne pouvez anticiper le rendement d'un service maison.

Le démarrage. Un service-bureau peut mettre un programme de télémarketing sur pied en peu de temps, à la faveur d'une structure et d'un personnel d'expérience sur place.

La surcharge d'appels. Un service-bureau fiable peut traiter facilement un grand nombre d'appels. Cela signifie que des clients éventuels intéressés à passer leur commande ne seront pas placés en attente.

Si vous optez pour un service-bureau, entreprenez vos démarches à cette fin au moins quatre ou cinq mois avant le début prévu de votre campagne téléphonique. Il faut songer à établir des liens à long terme, et le bureau doit devenir un «partenaire». Le candidat idéal sera celui qui s'intéresse à la santé de votre entreprise et qui connaît votre produit ou service. Changer de service fréquemment est coûteux en temps et en argent, et il vous faut recommencer à chaque fois, et former un nouveau personnel en ce qui a trait à votre produit ou service.

Comment choisir un service-bureau? Tout d'abord, informez-vous. Si vous faites partie de la chambre de commerce de votre région, renseignez-vous auprès d'autres membres. Une autre manière consiste à vous renseigner auprès de la section locale de l'Association canadienne de marketing direct, ou d'autres groupes du genre qui peuvent vous fournir des suggestions. Précisez ce que vous recherchez : un service de réception ou d'émission d'appels, un service de télémarketing d'entreprise à entreprise ou d'entreprise à consommateur.

Enfin, il peut s'avérer utile de visiter un certain nombre de service-bureaux, afin de n'en retenir que quelques-uns. Une fois que vous possédez une liste en main, un cadre de votre entreprise devrait consacrer quelques heures à interroger les responsables de chaque agence. Il est bon de tenir les entrevues sur les lieux mêmes des service-bureaux, afin de voir leur mode d'opération. Vous aurez ainsi une bonne idée des personnes qui les dirigent et serez à même de constater si vous pouvez bien travailler ensemble.

La conversation devrait vous permettre de déterminer si l'expérience du service-bureau est suffisamment vaste pour s'appliquer à votre type d'entreprise. Par exemple, si vous vous intéressez au télémarketing d'entreprise à entreprise, informez-vous au sujet de leur expérience et de leurs réalisations dans ce domaine. Il est certain qu'aucune agence ne saura tout ce qu'il faut savoir au sujet de tous les genres d'entreprises. À ce stade, vous cherchez à établir si l'expérience acquise s'applique à votre entreprise.

En outre, renseignez-vous sur le mode de gestion des listes. Des agences fiables seront prêtes à travailler avec vous à partir des listes que vous leur soumettez. Elles sauront entrer en communication avec les candidats les moins susceptibles de devenir des clients pour former leur personnel et évaluer le scénario. Ainsi, si le scénario renferme des lacunes ou si la formation est inefficace, vos meilleurs prospects n'en souffriront pas.

Maintenant que votre choix se limite à trois ou quatre agences, il est temps d'en apprendre davantage à leur sujet. Demandez que l'on vous soumette un rapport écrit sur les éléments suivants :

1. L'entreprise. Quelle est sa raison commerciale? Quand a-t-elle été fondée? Est-elle affiliée à une autre firme? Qui en sont les directeurs? Qui prend les décisions? Quelle est la personne ressource avec laquelle vous devrez communiquer?

2. Sa réputation. Demandez le nom de certaines sociétés avec lesquelles la firme travaille ainsi que des références; demandez quelle entreprise a fait le plus longtemps affaire avec elle.

3. Ses antécédents financiers. L'exploitation d'un service-bureau demeure une entreprise hasardeuse. Étant donné la nouveauté du domaine, les échecs sont courants. C'est pourquoi il est essentiel de se renseigner sur la santé financière de l'agence; demandez à consulter les états financiers et les factures téléphoniques. (Dans le cas de services d'émission d'appels, cela vous donnera également une idée du volume des affaires du service-bureau.)

Étant donné que le téléphone constitue, avec la rémunération du personnel, la dépense principale d'une agence, si vous vous apercevez que ses comptes téléphonique sont en souffrance, cela peut être un signe avant-coureur de problèmes d'encaisse. Bien entendu, vérifiez la cote de solvabilité du service-bureau.

4. La technologie. La technologie informatique constitue un élément important des campagnes de télémarketing. Il faut savoir si le service-bureau est partiellement ou complètement informatisé, ou s'il travaille exclusivement avec des documents imprimés.

Le matériel et les programmes logiciels sont-ils compatibles avec les autres services des fournisseurs comme le service de publicité directe qui envoie les brochures et le réseau de distribution qui expédie la marchandise? Le fait de disposer de spécialistes en informatique dès le début vous aidera à prévenir certaines difficultés, avant que la campagne ne batte son plein.

Selon que vous ayez recours à l'agence pour des campagnes de télémarketing de réception ou d'émission d'appels, voyez combien de lignes 800 ou WATS y sont en usage. Si vous vous attendez à un fort volume d'appels, assurez-vous que l'agence peut traiter tous les appels. Pour un appelant, rien n'est plus frustrant qu'un signal d'occupation constant. Si le service-bureau n'est pas en mesure de traiter un grand nombre d'appels, c'est l'image de *votre* entreprise qui en souffrira. Une ligne occupée peut également dissuader un client éventuel, surtout si ce dernier agit sous «l'impulsion du moment» ou si le produit est disponible ailleurs.

Demandez au service-bureau quel est le ratio d'occupation de ligne en temps normal. Ce dernier ne doit pas excéder 15 à 20 pour cent. Si vous prévoyez lancer une campagne télévisée au moyen d'une ligne 800, il est bon de se renseigner sur les périodes de pointe des appels reçus à l'agence, afin que votre campagne se déroule hors de ces heures. Il est probable que les téléspectateurs réagissent instantanément à la réclame télévisée, et ils n'apprécieront guère le fait d'être placés en attente pendant que le service-bureau traite d'autres appels.

5. Le personnel. Rencontrez d'abord le personnel clé qui s'occupera de vos affaires, notamment la personne responsable de la rédaction du scénario ainsi que les téléphonistes qui effectueront les appels ou y répondront en votre nom, afin de vérifier leurs états de service et leur compétence. Votre clientèle est convaincue de s'adresser à un membre de votre personnel, et il est bon qu'elle ne sache pas qu'elle est en communication avec un service-bureau.

Puis, demandez-vous honnêtement si l'agence prend la formation de son personnel très au sérieux. Demandez à assister à une séance de formation pour en constater le professionnalisme par vous-même. Enfin, le service-bureau dispose-t-il d'un nombre suffisant de télévendeurs permanents ou temporaires pour faire face à la somme de travail engendrée par votre campagne?

6. Les coûts. En général, les service-bureaux facturent à l'heure, au nombre de demandes ou de prospects.

L'évaluation des coûts est une tâche particulièrement difficile. À l'aide du comptable de votre entreprise, tentez d'évaluer le coût par transaction, que cette dernière consiste en la vente d'un produit, la confirmation d'un prospect, la réponse à une demande au sujet d'un produit ou un autre service. Ainsi, les coûts du service peuvent être portés à votre budget global de marketing et directement reliés à votre productivité. La plupart des frais des agences se divisent de la manière suivante :

- les frais d'appels (reçus ou émis)
- les frais reliés aux demandes
- les coûts immédiats
- les coûts subséquents

Examinons maintenant chacun de ces coûts.

Les frais d'appels. Pour les appels reçus, le taux peut être fixe ou à la minute.

Les appels émis sont facturés selon les taux horaires suivants : un taux horaire réduit assorti d'une prime de rendement pour les appels fructueux, un taux horaire assorti d'une prime de rendement, mais diminué des rabais subséquents pour les ventes ou prospects annulés, ou une prime de rendement diminuée des rabais subséquents.

Il faut évaluer l'ensemble des coûts avec minutie. Par exemple, un service-bureau informatisé peut exiger un taux horaire élevé, lequel s'avérera cependant profitable sur la base du coût par vente. Si un client offre des produits variés, l'agence dont les services sont informatisés sera nettement avantageuse. Disposant de renseignements sur l'ensemble des produits ou services du client, le télévendeur a accès à une information pertinente et peut offrir les bons conseils à l'appelant. Il faut également tenir compte de la valeur des données produites par un système informatisé.

Par ailleurs, le recours à un service-bureau sur une base de coût par appel peut s'avérer improductif. En effet, si votre programme exige le recours à un service-bureau qui conclut des ventes ou fixe des rendez-vous, la méthode du coût par appel n'est pas appropriée, et il faut plutôt songer au coût par transaction.

Il faut se méfier des agences dont les taux sont modiques. Cela signifie peut-être qu'elles versent des salaires peu élevés ou rongent sur d'autres coûts, ce qui peut influer sur le niveau de service désiré.

Les frais reliés aux demandes. En général, les agences exigent des taux supérieurs lorsqu'elles doivent répondre aux appels de service ou de plainte, lesquels sont plus longs que les appels de vente.

Les coûts immédiats. Les usagers doivent s'attendre à défrayer les coûts associés à la programmation et à l'entrée des données initiales, les coûts de formation des télévendeurs et des superviseurs de même que les frais de consultation et, le cas échéant, de rédaction du scénario. Des frais administratifs peuvent s'ajouter pour les services de secrétariat, en plus de frais additionnels propres au projet. Analysez ces frais immédiats, afin de savoir si le coût total est justifié.

Les coûts subséquents. Les service-bureaux portent au compte de leurs clients les frais associés à la transmission des commandes par courrier, télécopieur, télex ou réseaux de transmission de données informatisés, et il se peut qu'ils exigent des frais administratifs additionnels associés à ces services.

7. Le mix média. En faisant appel à un service-bureau dans le cadre d'une campagne donnée, renseignez-vous au sujet des moyens dont ce dernier dispose pour faire face à la demande anticipée. Le personnel requis diffère selon qu'il s'agit de demandes et de commandes provenant de réclames télévisées, lesquelles donnent lieu à des demandes immédiates qui décroissent en quelques heures, ou de réponses suscitées par la publicité dans les journaux et les magazines, le publipostage, les concours ou les étiquettes de produits.

Certains service-bureaux intégreront votre programme de publicité directe à votre campagne de télémarketing.

Enfin, assurez-vous que le service-bureau connaît à fond tous les aspects de votre offre et de votre campagne de marketing, avant que la campagne de télémarketing ne soit mise en branle.

8. La capacité. La capacité hebdomadaire maximum d'une agence, qu'il s'agisse d'appels reçus ou émis, est un autre élément essentiel dont il faut tenir compte. Un taux de réponse élevé peut surcharger les lignes d'arrivée, si le service-bureau ne dispose pas d'un personnel suffisant ou d'un nombre de lignes adéquat. Les heures d'exploitation constituent un autre facteur, surtout lors d'une campagne nationale. L'entreprise ou le consommateur de Halifax s'attendra au même niveau de service que celui de Vancouver, malgré un décalage horaire de quatre heures et demie. Il est évident qu'une agence de Montréal dont les heures d'exploitation sont de 8 h à 18 h ne pourra répondre à ces besoins.

9. Le contrôle. Une fois que le service est sur pied, le contrôle de la gestion du service-bureau est capital. Si votre campagne éprouve des difficultés, le personnel de supervision doit vous en faire part immédiatement et travailler avec vous à la recherche de solutions.

L'agence doit être en mesure de fournir des rapports quotidiens qui portent sur la réaction aux scénarios et les statistiques de vente, et comporter, lors d'une campagne multimédias, une analyse de l'effet de chaque média. (Bien entendu, le client doit s'assurer que l'agence sait quel média a été utilisé pour susciter les appels reçus, afin que l'information soit intégrée proprement au système d'enregistrement des ventes.)

Les directeurs de service-bureaux doivent également être en mesure d'analyser les offres à la clientèle et de suggérer des moyens d'accroître les revenus globaux par appel, par exemple en modifiant le scénario ou encore en réduisant le nombre d'envois contre remboursement à la faveur du paiement par carte de crédit, etc.

L'agence doit vous avertir promptement, si les consommateurs comprennent mal le scénario, et procéder à la révision de ce dernier. Étant probablement le premier à être mis au courant des délais de livraison des commandes de la clientèle, le service-bureau doit disposer de mécanismes lui permettant de vous avertir le plus rapidement possible.

Le rapport personnel de supervision / télévendeurs constitue un bon moyen d'évaluer le niveau de supervision de l'agence. Ce rapport devrait s'établir à 1:15, bien qu'un programme plus complexe puisse exiger un ratio nettement inférieur.

Une absence de contrôle peut faire avorter une campagne, même si toutes les autres tâches ont été exécutées à la perfection.

10. Des avantages uniques. Un service-bureau fiable doit être en mesure de vous dire ce qui le distingue de ses concurrents et en quoi il sera meilleur pour promouvoir votre campagne. Cela vous permet d'évaluer le potentiel des agences d'une part, en plus de l'aptitude à vendre de chacune. Si elle est incapable de vendre ses propres services, elle ne pourra certainement pas vendre votre produit ou service.

L'EXEMPLE DE LA BRASSERIE MOLSON

La brasserie Molson eut recours à un service-bureau d'expérience lorsqu'elle s'est rendu compte que le lancement d'un nouveau produit coïncidait avec celui d'un concurrent. Elle voulait une campagne de télémarketing lui assurant de passer rapidement à l'offensive.

Le nouveau produit était la bière légère Canadian, et on fit appel à The Telemarketing Group, un service-bureau de Toronto, afin de s'assurer que le nouveau produit de Molson sorte vainqueur.

L'entreprise conçut une stratégie par laquelle le service-bureau se concentrerait sur les clients marginaux, laissant ainsi aux vendeurs de la brasserie le soin de s'occuper des clients importants. Chaque client de la liste de télémarketing fut la cible d'une promotion à phases multiples qui comprenait une présentation du produit, une promotion, des réponses aux objections et des remerciements aux prospects pour leur clientèle.

On analysa ensuite les dossiers des clients afin de repérer les acheteurs, qui tombaient ensuite dans une autre catégorie. Les non-acheteurs continuèrent de recevoir des appels de promotion, et l'agence ne traitait pas les commandes.

La campagne possédait toutes les caractéristiques d'une promotion d'émission traditionnelle, mais il n'y avait qu'un seul défi à relever pour les télévendeurs, celui d'assurer une présence auprès des clients de détail longtemps desservis par les représentants des ventes.

Après les huit semaines de campagne, le service-bureau fut en mesure de rapporter que 40 pour cent des éléments du groupe cible avaient acheté le nouveau produit au moins une fois. Qui plus est, en quatre semaines, on avait atteint les objectifs de la brasserie quant à la part de marché.

3.2 LES CENTRES DE TÉLÉMARKETING D'ENTREPRISE

La mise sur pied d'un programme de télémarketing d'entre-prise, c'est-à-dire à l'intérieur de ses propres locaux, constitue un choix important qui exige que l'on revoie la structure de son entreprise, depuis le milieu physique jusqu'aux respon-sabilités du personnel. Avant de s'engager dans cette voie, il faut examiner chaque étape avec soin.

À première vue, si votre entreprise opte pour le télé-marketing à l'année et a besoin d'une approche de vente sur mesure en raison de la nature technique du produit ou de la gamme de produits qu'elle commercialise, du prix élevé ou de la clientèle bien définie à laquelle il s'adresse, un centre de télémarketing peut être tout désigné. (Par ailleurs, si votre produit est peu coûteux et fait l'objet d'une distribution de masse, un service-bureau constitue un meilleur choix. Il faut se rappeler que chaque situation est différente et exige une analyse en profondeur.)

La mise sur pied d'un centre de télémarketing d'entreprise comporte des désavantages.

Un engagement financier élevé. La mise sur pied d'un tel service nécessite un apport financier important. Il peut entraîner l'affectation ou l'ajout d'un espace à cet effet, l'embauche et la formation de personnel, l'investissement dans du matériel spécialisé et du mobilier, la mise au point de sa propre stratégie de marketing et du temps prévu pour la supervision d'un nouveau service. En mettant sur pied votre propre programme de télémarketing, vous faites face à des coûts élevés en matériel et en logiciels. Ces frais seront difficiles à récupérer, si le programme est interrompu ou si le matériel devient désuet.

Des appels plus longs et des coûts plus élevés. Les télévendeurs d'un centre de télémarketing d'entreprise consacrent généralement plus de temps aux appels que les télévendeurs à l'emploi des service-bureaux. Cela se traduit par un coût par appel plus élevé.

Un service de 24 heures. Il se peut que votre entreprise ne soit pas en mesure de traiter un service de réception d'appels de 24 heures, comme pourrait l'exiger votre campagne.

La répartition des ressources. Consacrer de l'espace ainsi que des ressources financières et humaines à un centre de télémarketing signifie que vous devez priver d'autres services de votre entreprise.

La mise sur pied d'un centre de télémarketing d'entreprise comporte également des avantages.

La loyauté. Vous pouvez recruter et former un personnel à qui la réussite de votre entreprise tient à coeur, qui n'est pas au service d'une brochette de clients divers et qui s'applique à la vente de vos produits.

La connaissance du produit. Votre personnel connaît votre produit ou vos services mieux que le télévendeur d'une agence externe, et peut donc le vendre en connaissance de cause.

La connaissance de la clientèle. Les membres de votre personnel connaissent également les goûts et les particularités de vos clients, et ont peut-être déjà établi un rapport personnel avec certains d'entre eux.

Le contrôle des stocks. Grâce à votre centre de télémarketing, vous pouvez mieux contrôler le mouvement des stocks. Cela s'avère très utile lors de la commande de nouvelles unités ou de nouvelles pièces.

La coordination. Un centre de télémarketing d'entreprise vous permet de coordonner les activités de votre personnel des ventes internes et externes.

La clientèle. Vos clients importants peuvent préférer traiter avec votre entreprise directement.

On peut considérer d'autres facteurs. Votre programme de télémarketing sera-t-il en marche toute l'année ou seulement durant les périodes de pointe? En ce cas, quelles seront les responsabilités des télévendeurs le reste de l'année? Le capital investi en matériel et en espace sera-t-il inactif pendant de longues périodes? Quel effet cela aura-t-il sur le coût global des ventes? En d'autres mots, vous devez analyser la rentabilité de votre programme de télémarketing.

En fixant vos objectifs, vous devez mesurer l'effet du nouveau service de télémarketing sur les autres activités de l'entreprise. Il faut consulter les chefs de service qui seront touchés par la mesure, accueillir favorablement leurs suggestions et en tenir compte. Enfin, il faut dresser un organigramme qui illustre la place du télémarketing au sein de votre entreprise.

Il faut également préciser les sommes qui seront appliquées au matériel, aux installations et à l'embauche de télévendeurs et de superviseurs (consultez la section 3.6, Analyse de l'investissement). Demandez à votre comptable de préparer une série de budgets en s'appuyant sur le coût anticipé et en tenant compte de divers scénarios allant des meilleures conditions aux pires. Amortissez les coûts reliés à l'installation et à la mise en marche sur une période de temps.

Avant de démarrer votre programme, songez à embaucher un service-bureau et à utiliser votre propre personnel à cette agence. En adoptant cette voie, vous pouvez mettre rapidement le doigt sur certaines difficultés et éviter ainsi l'achat de matériel technologique qui ne répond pas précisément à vos besoins.

En outre, songez à engager un conseiller pour vous aider à planifier et à coordonner l'application du service de télémarketing au sein de votre entreprise. Certaines entreprises comme Téléforce, de Telecom Canada, disposent d'experts qui connaissent bien tous les aspects de la mise sur pied d'un centre de télémarketing d'entreprise. Faites appel à leur compétence, demandez à consulter des études de cas d'entreprises qui ressemblent à la vôtre, renseignez-vous sur ce qu'ils pensent des listes et sur la manière de les obtenir. Si votre programme est complexe, retenez les services d'un conseiller.

Par la suite, aménagez votre espace, nommez un superviseur et mettez vos mécanismes d'embauche et de formation en place (consultez la section 3.3 à ce sujet).

En bref, il est plus facile d'interrompre une relation avec un service-bureau que de fermer son propre service de télémarketing. Si vous escomptez des résultats, vous devez croire au télémarketing en général, et au centre de télémarketing d'entreprise en particulier.

ILLUSTRATION 2 : Le choix d'un conseiller : ce que vous devez rechercher

Chose certaine, vous ne serez pas envahi par les candidats au poste de conseiller en télémarketing. Puisque l'industrie canadienne est encore jeune, le nombre de gens qui peuvent se déclarer professionnels du télémarketing est très restreint. Néanmoins, il existe des personnes compétentes capables d'aplanir les difficultés inhérentes à la mise sur pied d'un programme de télémarketing. Voici une liste des caractéristiques que vous devriez rechercher chez un candidat.

1. **L'expérience du télémarketing.**

   Le conseiller (ou la firme) devrait posséder un dossier et des références faisant preuve de ses réussites. En outre, assurez-vous que les réussites de votre candidat correspondent à l'application précise de télémarketing que vous envisagez. Le recrutement d'un spécialiste du service à la clientèle, par exemple, n'est pas judicieux, si vous désirez planifier un programme visant à identifier des prospects.

2. **L'expérience du marketing direct.**

   La grande force du télémarketing réside dans sa capacité de synergie des autres formes de marketing direct. Un bon conseiller comprend le publipostage et les ventes par catalogue aussi bien que la publicité et la promotion dans les journaux et sur les ondes. Il peut ainsi vous assurer un rendement maximum du capital investi. Un bon conseiller doit pouvoir coordonner les diverses activités du télémarketing, autrement dit, diriger l'orchestre.

3. **Une connaissance technologique.**

   Cherchez un conseiller qui connaît les systèmes de gestion d'appels. Il ou elle doit être capable d'analyser votre programme afin de déterminer le genre d'appareils téléphoniques et de moyens de communication dont vous avez besoin, et d'en recommander la location ou l'achat. Étant donné la croissance du rôle des bases de données en télémarketing, recherchez quelqu'un qui connaît les bases de données de marketing direct, et celles du télémarketing en particulier. Le conseiller doit avoir accès aux listes et être en mesure de collaborer avec les courtiers de listes pour cibler le marché.

4. Le plan de consultation.

Votre conseiller doit vous fournir un plan de télémarketing ou de consultation, qui énonce les objectifs de la campagne et présente le mode d'action afin de les atteindre. Méfiez-vous du «prêt-à-porter»; il vous faut une approche personnalisée.

5. La connaissance du recrutement et de la formation du personnel.

Demandez aux candidats de vous fournir des exemples de programmes de rémunération et de motivation qu'ils ont déjà conçus et d'en justifier les résultats. Demandez-leur quels programmes et outils de formation ils utilisent ou recommandent. Autrement dit, assurez-vous que le candidat saura s'entourer d'une bonne équipe, à qui il fournira les outils nécessaires pour représenter votre entreprise. Rappelez-vous qu'en télémarketing, la réussite repose sur la qualité du personnel.

6. La conception d'un système d'analyse.

Il faut que vous puissiez mesurer la productivité, le rendement et la rentabilité de votre opération de télémarketing. Recherchez un candidat qui puisse mettre sur pied un système d'analyse adéquat.

Le conseiller doit présenter des rapports périodiques oraux ou écrits qui vous donnent une indication de la direction que prend votre programme, puis préparer un rapport final condensé qui soupèse tous les facteurs et fournit des preuves de la réussite globale du programme.

Il vous faut un conseiller qui vous appuiera jusqu'à la fin et dont l'expérience est assez vaste pour vous aider à traverser les zones de turbulence qui parsèmeront inévitablement votre chemin.

L'EXEMPLE DE GENERAL ELECTRIC (É.-U.)

En 1990, les télévendeurs d'entreprise, ou rattachés à un service-bureau, travaillant pour le compte de la multinationale General Electric (GE) effectuaient près de 15 millions d'appels annuellement, cinq ans seulement après l'implantation du service de télémarketing.

Des divisions entières de GE ont confié la prise de commandes au télémarketing, et la mesure a permis au personnel de vente d'expérience de passer plus de temps auprès des distributeurs de GE et de fournir de l'information récente sur les produits.

On a également encouragé les représentants des ventes à confier aux télévendeurs les petits clients auxquels ils devaient rendre souvent visite. À titre de compensation, GE s'est assurée que l'équipe extérieure profiterait des ventes du télémarketing.

Les coûts des ventes ont connu une diminution importante, lorsque GE a confié son service après vente au télémarketing, c'est-à-dire la vente de produits complémentaires et de fournitures. (Cette clientèle, que l'on connaissait bien et sur laquelle on possédait une foule de renseignements, se prêtait idéalement au télémarketing.) La mesure a également permis aux représentants des ventes de concentrer leurs efforts sur la vente d'articles plus coûteux.

Mais GE s'est également aperçue que le prix ne constituait pas une barrière aux ventes par télémarketing. Par exemple, le service de télémarketing GE a conclu la vente d'un générateur électrogène à vapeur de 100 millions $ US, et la division des produits médicaux vend à l'heure actuelle des accessoires de 20 000 $.

Le centre d'appels des consommateurs de GE de Louisville (Kentucky), qui traite quelque 3 millions d'appels annuellement, dispose d'une équipe technique capable de répondre aux questions de la clientèle relativement aux produits de GE et de décider s'il est opportun d'envoyer un représentant de service sur place. L'unité a connu un tel succès que GE a décidé d'ouvrir un centre d'information commercial à l'intention de sa clientèle industrielle.

Les clients de GE préféraient utiliser le télémarketing pour leurs achats, ayant l'impression d'exercer un meilleur contrôle sur le processus de marketing. Parfois, lorsque des clients excédaient le seuil de ventes par télémarketing et qu'ils étaient en droit de recevoir des appels personnels de la part de représentants des ventes de GE, ils préféraient continuer d'avoir recours au système de commandes du télémarketing. Force est de constater que GE et sa clientèle furent également responsables de la croissance du service de télémarketing.

En utilisant conjointement le télémarketing de réception et le télémarketing d'émission d'appels, GE a accru le rendement à l'échelle de l'entreprise. La compagnie a recours à son service maison lorsqu'elle estime qu'il faut exercer un contrôle direct, et aux service-bureaux pour traiter d'autres aspects moins délicats ainsi que pour faire face aux périodes de pointe. Il se peut qu'une foire commerciale d'envergure, le lancement d'un nouveau produit ou le rappel d'un produit occasionnent un volume élevé de réponses que le service de télémarketing d'entreprise ne pourra traiter rapidement et efficacement.

L'entreprise continue de mettre en pratique ses stratégies classiques. Le personnel des ventes demeure en place, les prospects sont confiés aux unités de télémarketing, et le tout est coordonné au moyen d'une base de données fiable.

Bon nombre d'entreprises préféreront avoir recours à un centre de télémarketing d'entreprise, en raison de la nature confidentielle des renseignements reliés à leur exploitation ou à leur clientèle. Cependant, comme l'exemple de GE le démontre, il se peut que les circonstances exigent l'utilisation conjointe d'un centre de télémarketing d'entreprise et d'un service-bureau.

3.3 LA CONCEPTION D'UN CENTRE DE TÉLÉMARKETING D'ENTREPRISE

Un centre de télémarketing constitue bien plus qu'un simple lieu de travail. C'est le noyau des liens directs avec la clientèle, un endroit pour tenir des séances de remue-méninges (*brainstorming*) et échanger des renseignements, ainsi qu'un pivot pour les études de marché. Un cadre et une disposition inconfortables, mal conçus et déplaisants lassent, frustrent et démotivent les télévendeurs, dont le rendement alors diminue.

La conception du centre de télémarketing reflète également l'attitude de la direction. Un centre soigneusement aménagé dénote l'engagement de la direction envers le programme et constitue une source de fierté au sein de l'unité.

Quatre facteurs doivent être considérés lors de la conception des plans d'aménagement du centre : le milieu de travail, la mobilité, la disposition et le matériel du télévendeur.

LE MILIEU DE TRAVAIL

1. L'emplacement. Tout d'abord, il faut savoir où situer le centre : au siège social, à un bureau régional, ou à une succursale? Le choix de l'endroit exige une évaluation des besoins de la clientèle, du personnel et de la direction. Un centre situé au siège social permet à la direction d'avoir une vue d'ensemble du processus et d'apporter rapidement et facilement des modifications. Par contre, il peut gêner les autres activités quotidiennes importantes.

Le centre sera-t-il pancanadien, régional ou provincial? Il faut envisager ces facteurs afin de déterminer s'il est nécessaire d'embaucher des télévendeurs bilingues (ou qui ont un accent distinctif), et si vous pouvez recruter ces derniers dans la région proposée.

Il existe sans doute des mesures incitatives régionales qui peuvent influencer le choix d'une localité. Par exemple, le Nouveau-Brunswick sollicite activement l'établissement sur son territoire d'entreprises de télémarketing. Elle compte sur son réseau moderne de télécommunications, la qualité de sa main-d'oeuvre, son statut bilingue et ses programmes de soutien pour attirer les entreprises qui songent à mettre sur pied des opérations de télémarketing. Qui plus est, les échelles salariales des provinces moins densément peuplées peuvent attirer les directeurs de services de télémarketing. Les salaires ne sont pas aussi élevés à Fredericton qu'ils le sont à Montréal, à Toronto ou à Vancouver.

Le but et la nature de l'application de télémarketing peuvent aussi influencer la décision. Par exemple, un programme de réception d'appels peut rapidement s'intégrer au service des commandes ou au service à la clientèle. Par contre, un programme d'émission d'appels peut nécessiter l'ajout de nouveaux locaux.

Cherchez-vous à percer de nouveaux marchés? Si vous voulez étendre un marché à une nouvelle région, pouvez-vous y parvenir à l'aide d'un numéro 800, ou l'équipe des ventes externe devra-t-elle assurer un suivi en rencontrant personnellement les clients? Si tel est le cas, vous devez établir votre service à proximité du marché visé.

2. Les locaux. Doit-on prendre à bail, louer ou acheter des locaux? Que doit-on prévoir en regard des taxes et de la dépréciation? Ces questions sont en grande partie reliées au budget alloué au programme. Serait-il plus sage d'affilier votre entreprise à un service-bureau qui dispose déjà d'une équipe de télévendeurs bien formés?

A-t-on accès à un parc de stationnement ou à un service de transport en commun? Si votre service fonctionne 24 heures par jour, le quartier où vous prévoyez vous installer est-il sûr?

Songez à toutes ces questions avant de décider de l'emplacement de votre centre de télémarketing.

3. Le câblage / l'électricité / l'éclairage. Il faut s'assurer que le câblage et les conduits conviennent aux téléphones, aux ordinateurs, à l'éclairage, etc. Une unité élargie ou réarrangée ultérieurement peut nécessiter l'installation d'autres câbles et conduits.

Un surcroît ou un manque de lumière peut sérieusement fatiguer les yeux des employés et diminuer leur rendement. Un éclairage excessif peut s'avérer coûteux. La lumière ambiante est nécessaire, surtout si l'on utilise abondamment des terminaux. On n'a pas encore pu évaluer si le rendement des télévendeurs qui travaillent à proximité de fenêtres est accru. Des études démontrent que l'absence totale de fenêtres se traduit par un meilleur rendement, étant donné que la concentration des télévendeurs n'est pas interrompue par ce qui se passe à l'extérieur. Si vous préférez des fenêtres, assurez-vous que des rideaux ou des stores réduisent la luminosité.

4. Le chauffage, l'aération et l'air climatisé. Ces facteurs sont importants aux points de vue du bien-être, du confort et de la sécurité des employés. Sachez qu'un seul ordinateur dépense autant d'énergie et utilise autant d'air qu'un être humain. La pièce doit être bien aérée, surtout si les télévendeurs travaillent dans des lieux restreints. Récemment, les médias ont fait état de l'air vicié qui circule continuellement dans les édifices à bureaux. Il faut donc s'assurer que l'air frais circule bien, car ses effets sont non seulement bénéfiques pour le moral, mais aussi pour la santé et le rendement!

5. L'acoustique. Les bruits distraient les télévendeurs et les clients. Les distractions occasionnent des erreurs et augmentent la durée des appels, ce qui peut être coûteux. On peut réduire le bruit au moyen de moquettes, de plafonds acoustiques, de stores et de panneaux.

Par ailleurs, on ne s'entend actuellement pas au sujet de l'effet du bruit produit par les autres télévendeurs sur l'efficacité d'un appel de télémarketing. Puisque ce point de vue est hautement défendable, on recommande l'usage d'éléments acoustiques.

6. L'esthétique / la couleur. Le milieu de travail doit être esthétiquement agréable. Gravures, affiches, plantes, moquettes et stores colorés améliorent grandement le moral des employés.

LA MOBILITÉ

Les télévendeurs se déplacent et interagissent d'une certaine façon et à certains endroits, ce qui influence directement les coûts. Par exemple, s'ils doivent quitter souvent leur bureau pour trouver de la documentation ou du matériel de références, leur rendement diminue, et les appels peuvent durer plus longtemps. On doit donc songer à la disposition de la réception, des salles d'eau, des cafétérias, des fumoirs, des salles d'entreposage, de fournitures et de documentation, des salles de conférences et de cours, des ordinateurs et des photocopieurs. Un meilleur accès se traduit par un rendement accru.

LA DISPOSITION

L'aménagement est important, et le bureau moderne élimine murs, corridors et bureaux privés à la faveur de postes de travail que séparent paravents, cloisons, plantes, étagères et classeurs. Les employés qui voient les efforts de leurs collègues sont davantage motivés, et chacun a l'impression de travailler à atteindre un objectif commun. Toutefois, on doit trouver le moyen de viser ces objectifs tout en préservant une certaine intimité.

L'aménagement choisi par l'entreprise doit offrir une certaine souplesse. On peut décider d'agrandir ou de réarranger la disposition à mesure que changent les besoins du centre. À cette fin, l'ameublement modulaire facilite la tâche.

LE MATÉRIEL DU TÉLÉVENDEUR

Il s'agit de tous les éléments utilisés par le télévendeur à son poste de travail.

1. Le téléphone. Le téléphone permet de communiquer avec le client. Tout système qui améliore l'interaction entre le client et le télévendeur sera profitable. Des centaines de systèmes téléphoniques sont disponibles, dont certains seront étudiés en détail à la section «Gestion des systèmes d'appels». Mais en général, les téléphones doivent être munis d'un poste à clavier pour réduire les erreurs de composition et pour accélérer le processus. Ils doivent comprendre un bouton de garde et de renvoi. Le téléphone doit être muni d'une fiche de casque.

Il faut déterminer le nombre de lignes nécessaires. Si l'équipe de télévendeurs compte cinq personnes ou moins, chacun doit disposer d'une ligne. S'il s'agit de télémarketing d'émission d'appels, il sera opportun d'inclure une ligne d'appels reçus. Il peut être souhaitable d'ajouter une ligne additionnelle pour les appels personnels.

2. Les terminaux. De nombreuses entreprises s'automatisent. Les terminaux accélèrent l'enregistrement des commandes et la recherche d'enregistrements. Vérifiez le matériel existant afin de voir s'il peut servir à votre opération de télémarketing. Il est sage d'évaluer les différentes options de vente et de location offertes avant de procéder à l'achat de matériel. De nombreux vendeurs offrent des logiciels de télémarketing, et certains conseillers peuvent concevoir des programmes qui correspondent à des besoins précis.

3. L'horloge. Il est essentiel de se procurer une horloge au cadran facile à lire et de placer cette dernière dans un endroit bien en vue. Les superviseurs doivent tenir un calcul serré de la durée de chaque appel afin de mesurer le rendement. L'efficacité du télémarketing dépend du nombre maximal d'appels qu'on peut effectuer et recevoir dans une période donnée.

4. La chaise. Les chaises doivent être soigneusement sélectionnées. Étant donné la nature du travail, le télévendeur demeure assis 80 pour cent du temps. Une chaise inconfortable peut causer de graves maux de dos, diminuer le rendement et accroître l'absentéisme.

Il faut pouvoir ajuster la chaise à différentes hauteurs. Cette dernière doit être munie de roulettes pour permettre un accès rapide et facile aux dossiers et au matériel de références, et sa base doit être constituée de cinq pattes, pour l'empêcher de basculer. Enfin, il est essentiel qu'elle offre un excellent soutien au bas du dos. Bref, on ne doit pas lésiner sur le choix d'une bonne chaise.

5. Les bureaux. La surface des bureaux devrait être mate pour ne pas fatiguer les yeux. Idéalement, les éléments du bureau doivent être disposés en forme de «L» pour recevoir un téléphone, un terminal (s'il y a lieu) et laisser une surface pour écrire. Les bureaux doivent permettre un accès visuel facile aux textes et aux autres instruments. La hauteur convenable est d'environ 72 cm (30 po). La surface est aussi importante; un bureau trop grand devient facilement encombré.

6. L'espace de classement / le matériel de références. On peut conserver le matériel de références utilisé fréquemment par les télévendeurs comme les catalogues, les brochures ou les listes de prix dans des classeurs ou sur des étagères, de même que les dossiers de la clientèle, les rapports d'appels et de suivi, si l'opération n'est pas automatisée.

La clé de la mise sur pied d'un milieu de travail de télé-marketing productif consiste à préciser les objectifs de l'exploitation. Une telle démarche précisera, à son tour, la nature du milieu, la charge de travail, la disposition et les outils nécessaires pour s'acquitter de la tâche. On peut également, si le budget le permet, faire appel aux services d'un conseiller qui comprend ces objectifs et qui peut, au besoin, agir de concert avec des architectes, des électriciens, des ingénieurs acoustiques et des mécaniciens. Un centre bien conçu motivera les employés et améliorera leur moral, ce qui contribuera à la réussite de l'opération.

3.4 LES RESSOURCES HUMAINES

S'il paraît aisé de recruter un personnel compétent, la tâche n'en constitue pas moins un réel défi pour les entreprises, qui ont besoin de personnes qui vont bien les représenter, travailler avec ardeur et enthousiasme, en plus de faire preuve de compétence et de loyauté. Aucune autre tâche n'influence autant le succès de votre centre de télémarketing.

Afin de vous aider à dénicher la perle rare, nous vous présentons les grandes lignes suivantes pour choisir, recruter et former superviseurs et autres employés.

Le processus d'embauche est composé de cinq étapes : la description de poste, la définition des caractéristiques du télé-vendeur ou du superviseur, le recrutement, l'embauche et la formation. Examinons à présent le processus étape par étape.

LA DESCRIPTION DE POSTE

Il est extrêmement utile de faire par écrit la description des divers postes à remplir. On peut ainsi préciser les com-pétences et les qualités recherchées, ainsi que les tâches de chaque membre de l'équipe.

Il faut se rappeler que le type de programme de télémar-keting choisi a un rapport direct avec la nature du travail. Les programmes de télémarketing de réception d'appels sont habituellement réactifs, en ce sens que les télévendeurs s'occupent généralement de ventes latérales, de vente d'un produit supérieur ou de conversion en vente d'une plainte ou d'une demande. Par contre, les programmes de télémarketing d'émission d'appels sont normalement proactifs, c'est-à-dire que les télévendeurs prennent l'initiative des ventes. Les tâches sont très différentes, de même que les qualifications nécessaires pour les remplir.

Dans la description du poste de superviseur, énumérez les responsabilités aussi précisément que possible. Chaque tâche importante de l'opération doit être confiée à quelqu'un qui est *conscient* des responsabilités inhérentes.

La description de poste doit contenir les éléments suivants :

Le titre du poste. Être aussi précis que possible. Si l'on cherche un superviseur, le poste doit s'intituler «superviseur en télémarketing». Si l'on cherche un télévendeur dont l'unique tâche sera la prospection de clients, le poste s'intitulera «prospecteur». Si l'employé doit se charger du service à la clientèle, le poste sera celui de «conseiller au service à la clientèle», et ainsi de suite.

Un résumé des fonctions. Décrire la tâche brièvement, en une ou deux lignes : «chargé de la prospection dans le cadre d'un programme de cartes de crédit à l'intention des commerçants». Pour la tâche de superviseurs : «chargé de mettre sur pied et de superviser un centre de télémarketing, et de veiller à sa rentabilité».

Le service. Spécifier si le télévendeur fera partie de la division du marketing, des ventes, ou du service à la clientèle. Préciser le service et l'indiquer dans le résumé des fonctions.

Les fonctions et responsabilités. Décrire en détail les tâches et responsabilités reliées au poste.

Les objectifs. Établir le nombre de ventes mensuelles ou hebdomadaires qui doivent être conclues par le télévendeur et contrôlées par le superviseur, le nombre de commandes à traiter, etc.

Voici l'exemple des descriptions de poste de télévendeur et de superviseur au sein d'une entreprise qui vend des produits de beauté aux consommateurs.

ILLUSTRATION 3 : Description du poste de télévendeur

Titre : Représentant des ventes téléphoniques de télémarketing d'émission d'appels, chargé de la vente directe auprès des consommateurs.

Résumé : Le candidat effectue, par téléphone, la vente d'une gamme de produits de maquillage à de nouveaux clients potentiels, ainsi qu'à des clients actifs et inactifs.

Fonctions et responsabilités :

1. Ventes téléphoniques

- Utiliser des listes pour appeler les prospects, assurer un suivi auprès des prospects ciblés et téléphoner aux clients inactifs.
- Filtrer et repérer, en décrivant les arguments de vente uniques de nos produits de maquillage (i.e. produits hypo-allergènes); contrer les objections et conclure des ventes.

2. Exécution et tâches opérationnelles

- Enregistrer fidèlement tous les renseignements relatifs aux commandes et les transmettre au bureau des commandes.
- Remplir fidèlement les feuilles de prospection.
- Remplir quotidiennement la grille de notation à intervalles réguliers, pendant les heures de travail.
- Transmettre aux superviseurs les renseignements pertinents relatifs au produit ou au service recueillis auprès des consommateurs.

3. Affectations spéciales

- Se charger de projets spéciaux à la demande du superviseur.

Objectifs :

Doit effectuer ·x· appels l'heure initialement auprès de prospects et d'autres clients, et conclure ·y· ventes par jour.

Qualifications :

Expérience de la vente téléphonique, de la vente externe ou au sein d'un service à la clientèle; voix et manières agréables; connaissance du traitement informatique; diplôme d'études secondaires ou l'équivalent.

Horaire : 10 h à 16 h, cinq jours par semaine.

Rémunération :

Taux horaire, plus commissions; augmentation du taux horaire après une période de probation; primes de rendement; participation à part entière au programme des avantages sociaux de l'entreprise.

ILLUSTRATION 4 : Description du poste de superviseur

Titre : Superviseur de télémarketing, chargé de gérer un programme de ventes téléphoniques de télémarketing d'émission d'appels.

Résumé : Le candidat assure la supervision de 15 télévendeurs dont les fonctions consistent à vendre une gamme de produits de maquillage; le candidat doit gérer toutes les facettes de l'exploitation.

Fonctions / responsabilités :

1. *L'embauche, la formation et la supervision du personnel*
   * Recruter, fixer les entrevues et choisir les télévendeurs.
   * Former les télévendeurs.
   * Congédier ou discipliner les télévendeurs.

2. *Gestion de l'unité*
   * Participer à la mise sur pied de l'unité de télémarketing.
   * Superviser les systèmes de gestion de l'information et des appels.
   * Appliquer ces systèmes afin d'améliorer le rendement, la productivité et la rentabilité.

3. *Exploitation*
   * Établir et choisir les listes.
   * Superviser la segmentation des listes.
   * Coordonner les efforts lors des études de marché.
   * Gérer la documentation.
   * Assurer la liaison avec les autres services.
   * Faire respecter les rendez-vous de vente.
   * Former un remplaçant.
   * Effectuer des appels de télémarketing, lorsque le temps le permet.
   * Se charger de projets spéciaux à la demande de la direction.

Objectifs :
Accroître la productivité, afin que les télévendeurs effectuent, initialement, 15 appels l'heure auprès de prospects et d'autres clients, et concluent 3 ventes par jour.

Qualifications :
Trois années d'expérience de la vente téléphonique, de la vente externe ou au sein du service à la clientèle; deux années d'expérience de la supervision de télévendeurs; expérience du traitement informatique; expérience au sein de l'industrie des cosmétiques.

Scolarité : Diplôme d'études secondaires ou l'équivalent.

Horaire : 9 h à 17 h, cinq jours par semaine.

Rémunération :
de 30 000 $ à 40 000 $ annuellement, selon l'expérience.

Les qualifications. Énumérer toutes les qualifications et les aptitudes requises pour s'acquitter des tâches premières du poste, en plus de préciser le niveau de scolarité minimum.

L'horaire. Indiquer, s'il s'agit d'un travail par relais, les heures et la fréquence. Le poste est-il à temps plein ou à temps partiel? Déterminer si le poste de superviseur est à temps plein ou à taux horaire.

La rémunération. Décrire la fourchette de rémunération, les primes d'encouragement, les gratifications, les commissions, les avantages sociaux, etc.

Caractéristiques. Il n'existe pas de superviseur ou de télévendeur «idéal». Mais ceux qui réussissent possèdent les qualités premières suivantes :

- l'honnêteté;
- une voix agréable et une bonne diction;
- de l'enthousiasme et des talents de communicateurs : ils sont persuasifs, amicaux et capables d'inspirer la confiance;
- une grammaire et une utilisation de la langue correctes;
- une ouïe et une aptitude d'écoute adéquates;
- un bon sens de l'organisation et de la minutie;
- la capacité de travailler en équipe;
- la capacité de travailler sous pression, de traiter les refus et de faire preuve de persévérance;
- une méthode et un style souples.

Ne vous contentez pas d'un télévendeur «ordinaire», mais cherchez plutôt un télévendeur dont les aptitudes correspondent à votre propre application de télémarketing.

Par ailleurs, les candidats au poste de superviseur doivent posséder les traits supplémentaires suivants :

- la capacité d'interagir avec les gens;
- un style autoritaire qui sait imposer le respect, sans toutefois être menaçant;
- la confiance en soi, le savoir et la capacité de le démontrer;
- de la créativité et la capacité de résoudre les problèmes.

LE RECRUTEMENT

Le recrutement consiste à obtenir le plus grand nombre de candidats qualifiés. On y parvient grâce aux méthodes suivantes :

L'évaluation du personnel actuel ou du service du personnel. Il se peut qu'il y ait d'excellents candidats au sein de votre compagnie, qui en connaissent déjà les méthodes et les politiques, en plus d'être familiers avec ses produit ou services. La durée de la formation est donc réduite. Il est également facile de vérifier leur rendement.

Les candidats référés. On doit se renseigner auprès de ses relations d'affaires (clients, fournisseurs, etc.) sur des candidates ou des candidats éventuels.

Pour embaucher des télévendeurs, on peut également mettre sur pied un programme de recrutement incitatif au sein du centre de télémarketing actuel, en offrant une prime au télévendeur qui aura présenté le candidat embauché. La méthode offre de nombreux avantages. D'abord, les employés décrivent généralement le poste tel qu'il est aux candidats, ce qui élimine les méprises. Ensuite, puisque le candidat connaît déjà un employé de l'entreprise, il peut s'intégrer plus facilement à l'équipe. Enfin, l'employé qui a présenté le candidat a la réussite de ce dernier à coeur et peut davantage veiller à sa formation et à son intégration.

Les journaux. La parution d'une offre d'emploi dans les annonces classées suscite un taux de réponse élevé. Toutefois, il faut s'attendre à recevoir le curriculum vitae de nombreuses personnes qui ne possèdent pas les qualités nécessaires.

Les agences. Les agences de placement font gagner du temps en éliminant les candidats incompétents, mais coûtent cher. Analysez les coûts pour déterminer si le jeu en vaut la chandelle. Songez également à afficher le poste dans des centres d'emploi gouvernementaux.

Les demandes d'emploi antérieures. Cette méthode est parfois la plus rapide et la moins coûteuse. Gardez toutes les demandes d'emploi pendant un certain temps et consultez-les lorsque vous embauchez de nouveau.

Les services communautaires et sociaux. Le bureau local de la Commission des accidents du travail ou les agences de services sociaux peut fournir le nom de personnes incapables de travailler en raison d'une blessure, mais qui peuvent être des télévendeurs accomplis.

Les maisons d'enseignement. En affichant une offre d'emploi dans les écoles secondaires, les cégeps et les universités, on peut obtenir un taux de réponse élevé pour les postes à temps partiel.

Lorsqu'on rédige une annonce ou que l'on affiche un avis de recrutement, on doit bien préciser le genre de personne recherchée. Par exemple, si l'on recherche une personne motivée par les défis ou par la possibilité d'une promotion rapide, on doit mettre ces aspects du poste en évidence. On élimine ainsi les candidats incompétents, en plus de donner une indication sur le genre de personne recherchée.

LA SÉLECTION DES TÉLÉVENDEURS

Le champ des candidats doit être restreint à ceux qui répondent le mieux aux exigences du poste. Ce processus peut nécessiter deux ou trois entrevues avec chaque candidat.

L'entrevue téléphonique. Lorsqu'on engage un télévendeur ou un superviseur, le point de départ évident est l'entrevue téléphonique, qui permet d'évaluer l'habileté et le comportement du candidat au téléphone. Un simple formulaire d'évaluation sert de liste de contrôle. L'appel doit durer de cinq à dix minutes au maximum. L'objectif est de faire parler le candidat afin d'évaluer ses aptitudes à la communication, l'articulation, le ton de la voix, la grammaire, le dynamisme ainsi que l'aptitude à écouter. On doit se mettre à la place du client et juger de l'impression donnée par le candidat, ainsi que de l'image qu'il pourrait présenter de l'entreprise.

Les candidats au titre de superviseur qui font preuve de belles manières au téléphone connaissent l'essentiel du télémarketing.

Au cours de ce stade initial, il est inutile de définir les tâches au candidat avant de savoir si celui-ci est compétent. Expliquez brièvement les exigences du poste à ceux et à celles qui semblent répondre aux critères, puis obtenez leur nom, adresse et numéro de téléphone. Demandez-leur de se présenter à vos bureaux pour remplir une demande d'emploi et passer une entrevue.

L'entrevue privée. En général, environ 25 pour cent des candidats convoqués à une entrevue ne se présentent pas pour une raison ou pour une autre. Voilà donc une façon sûre de restreindre davantage le choix!

Ceux et celles qui se présentent doivent remplir un formulaire de demande d'emploi même s'ils ont apporté un curriculum vitae; on peut ainsi évaluer la facilité avec laquelle ils suivent des directives.

Les entrevues privées, qui peuvent durer de dix minutes à une demi-heure, poursuivent deux objectifs. Le premier, bien entendu, est d'en apprendre davantage au sujet des candidats : leur expérience antérieure, les motifs pour lesquels ils ont quitté leur emploi précédent, leur attitude face aux ventes téléphoniques, etc. Posez des questions ouvertes; les bons vendeurs réussiront à vous convaincre de leurs aptitudes.

Le second objectif consiste à susciter l'intérêt des candidats envers l'entreprise. Si les candidats semblent compétents, communiquez-leur votre enthousiasme pour le produit ou le service, ainsi que pour les chances de croissance de l'entreprise. Laissez-leur l'occasion de poser des questions. Vous pourrez ainsi mesurer l'intérêt et l'enthousiasme qu'ils ou elles témoignent envers le poste.

Si le poste exige la connaissance du traitement de texte ou de l'informatique, vous pouvez songer à mettre à l'épreuve les compétences des candidats dans ces domaines.

La sélection finale des candidats s'appuiera sur divers facteurs : l'expérience, la scolarité, les résultats obtenus aux examens, la façon de se présenter et, ce qui ne doit pas être négligé, l'intuition.

LA FORMATION DES TÉLÉVENDEURS

Chaque dollar consacré à la formation est un bon investissement. Lors de la mise sur pied du programme de télémarketing, songez à recourir aux services d'un conseiller pour collaborer à la formation. Les systèmes et méthodes inculqués aux télévendeurs dès les premiers jours auront un effet permanent sur leur rendement et sur leur attitude. Même s'ils connaissent d'autres techniques de vente téléphonique, il s'agit de votre entreprise, et votre façon de procéder en affaires doit s'intégrer à leur travail. En même temps, indiquez aux nouveaux venus que leurs points de vue vous importent.

Il est préférable d'entreprendre la formation des recrues par une vue d'ensemble des activités de l'entreprise, et il revient aux superviseurs de présenter le produit ou service offert de façon exhaustive. Ensuite, on doit leur faire visiter les divers services et les présenter aux employés de l'entreprise. Les fonctions et responsabilités de chaque division doivent être exposées clairement, et il est bon que les stagiaires passent un peu plus de temps avec les personnes qu'ils côtoieront chaque jour. On doit leur présenter les chefs de service et les encourager à consulter ces derniers en cas de difficulté ou de doute.

Les recrues doivent avoir le temps de se familiariser avec tous les aspects de vos opérations. Si possible, permettez-leur d'observer leurs collègues pendant un jour ou deux avant d'entreprendre la formation, afin qu'elles connaissent la nature de l'entreprise et qu'elles voient leurs camarades à l'oeuvre. Soyez disponible pour répondre à leurs questions et discuter de leurs problèmes au cours de cette période.

ILLUSTRATION 5 : Exemple d'un programme de formation

Première séance : étude de l'entreprise / du produit / du service

- la clientèle
- la gamme de produits ou de services offerts
- les arguments de vente uniques
- les offres spéciales
- les différences entre le produit / le service et celui de la concurrence
- les prix et les rabais
- les services offerts (garanties, remboursement, etc.)

Deuxième séance : étude des procédures administratives et de vente

- l'accès aux listes
- l'accès aux renseignements de la base de données sur les clients inactifs
- les fiches de contrôle, les rapports d'appels et de ventes
- les commandes
- la transmission des prospects au service des ventes extérieures

Troisième séance : étude des techniques de vente

- les scénarios, la terminologie, les phrases clés
- l'élocution
- les renseignements supplémentaires
- la réponse aux objections
- la réponse aux plaintes
- la conclusion d'une vente

De nombreux programmes de télémarketing emploient des textes uniformisés pour la vente. Les stagiaires doivent apprendre le texte ainsi que les mots et les phrases les plus convaincants, savoir comment et quand s'éloigner du texte, et que faire lorsque les réponses des clients n'y figurent pas. On doit les aider à améliorer leur débit et leur accentuation en leur indiquant certains principes fondamentaux comme le rythme et la vitesse de l'élocution, le ton, le volume et la projection de la voix.

Ensuite, les stagiaires doivent être mis en situation. Ils peuvent être enregistrés, puis écouter l'enregistrement afin de connaître leurs erreurs, leurs techniques efficaces et les caractéristiques de leur articulation. Ils devraient effectuer de 20 à 25 appels simulés avant d'être laissés à eux-mêmes.

On doit les encourager à poser des questions sur les points ou les techniques qu'ils ne saisissent pas bien, se montrer patient et rassurant; il faut insister calmement et aussi souvent que nécessaire sur les points essentiels.

Ensuite, les stagiaires doivent être laissés à eux-mêmes. On doit superviser leurs premiers appels tout en leur rappelant qu'ils ne pourront jamais surmonter la nervosité du premier jour s'ils ne se lancent pas dans le feu de l'action.

LA RÉMUNÉRATION

Quand et comment rémunérer? Voilà une question capitale. Un salaire trop peu élevé ne retiendra pas le personnel compétent, alors qu'un salaire trop élevé risque de réduire la motivation des employés à donner leur plein rendement. Comment trouver le juste milieu?

Cela dépend des applications du télémarketing. En général, les salaires des télévendeurs se composent d'une rémunération à un tarif horaire, à laquelle s'ajoutent des commissions et des primes au rendement. Nous vous présentons ci-après quelques exemples de rémunération selon la forme de télémarketing. Nous n'entrerons pas dans le détail, mais vous aurez une idée sur la façon de calculer la rémunération. Les salaires reflètent les taux actuels des villes importantes du Canada et peuvent être moins élevés dans les centres de moindre importance.

Études de marché ou repérage de prospects (émission d'appels)

- Salaire : salaire minimum jusqu'à 10 $ l'heure
- Commission : de 0,50 $ à 1,50 $ pour chaque questionnaire rempli

- Prime de rendement exceptionnel : 5 $ et plus par semaine, selon le prix du produit / service vendu

Fixation de rendez-vous (émission d'appels)

- Salaire : salaire minimum jusqu'à 10 $ l'heure
- Commission : de 5 $ à 10 $ pour chaque rendez-vous fixé
- Prime : 10 $ et plus pour chaque vente conclue grâce à un rendez-vous

Ventes internes (émission d'appels)

- Salaire : salaire minimum jusqu'à 15 $ l'heure (selon qu'il s'agit d'un commis à la prise de commandes ou d'un télévendeur)
- Commission : de 5 à 15 pour cent
- Prime : 10 $ et plus pour avoir atteint les objectifs de vente

Prise de commandes (réception d'appels)

- Salaire : salaire minimum jusqu'à 10 $ l'heure
- Commission : de 5 à 15 pour cent pour la hausse de gamme des commandes ou la vente latérale
- Prime : 5 pour cent de toutes les ventes qui excèdent les revenus habituellement engendrés par la prise de commandes

Service à la clientèle (réception d'appels)

- Salaire fixe; salaire minimum jusqu'à 10 $ l'heure
- Prime variant selon les ventes globales de l'entreprise

Le salaire des superviseurs varie généralement entre 34 000 $ et 41 500 $ selon l'expérience (voir le tableau 3). Des commissions et des primes sont aussi offertes, par exemple lorsque les buts fixés au sein du service ont été atteints. La prime peut représenter un pourcentage des profits globaux de l'entreprise.

TABLEAU 3 : Grille salariale moyenne des télévendeurs

Poste	Salaire de base	Salaire maximal
Directeur / Superviseur	34 600 $	41 500 $
SALAIRE FIXE		
Télévendeur de réception d'appels	23 000 $	27 600 $
Télévendeur d'émission d'appels	23 700 $	25 400 $ *
SALAIRE + COMMISSIONS ET PRIMES		
Télévendeur de réception d'appels	21 500 $	31 100 $
Télévendeur d'émission d'appels	21 900 $	33 200 $

* Moyenne calculée à partir d'un large éventail de salaires maximums.

Source : Telecom Canada, *Telemarketing in Canada* (Ottawa, juin 1990).

L'EXEMPLE DE SUNQUEST TOURS

L'épuisement professionnel (*burnout*), et le taux élevé de rotation du personnel qui s'ensuit, constituait un grave problème parmi les télévendeurs préposés aux réservations de Sunquest. Chaque jour, les télévendeurs sont débordés d'appels provenant d'agents de voyages de tout le Canada, et, dans ce milieu où la concurrence est particulièrement vive, il faut être très habile pour mener une vente à bonne fin.

Après s'être rendu compte que le personnel des ventes du télémarketing était la clé du succès et que l'entreprise devait aider ses employés à vaincre l'épuisement professionnel, Sunquest mit sur pied un programme de mesures incitatives à volets multiples. Un des éléments du programme consistait en une prime annuelle en argent, un autre, en une offre aux nouvelles recrues de les conduire par autobus depuis la banlieue jusqu'au centre-ville de Toronto, où se trouvait le bureau.

Sunquest offre des primes en argent hebdomadaires, mensuelles et saisonnières aux meilleurs agents de réservations dans trois catégories : le maximum d'appels reçus, le maximum de réservations confirmées et la meilleure proportion de réservations en regard des appels reçus. Les primes hebdomadaires sont de 100 $, tandis que les primes saisonnières peuvent aller jusqu'à 5 000 $. En outre, les représentants peuvent mériter des prix variés (voyages, voitures et magnétoscopes) dans le cadre de concours.

Parmi les autres mesures incitatives qui aident à réduire la rotation du personnel, on trouve les voyages de familiarisation, au cours desquels les employés prennent des vacances dans le cadre de leur travail et se rendent dans une destination offerte par Sunquest, et les cheminements de carrière établis, qui offrent des promotions à tous les paliers de l'entreprise.

La tâche d'un agent de réservations est répétitive et exigeante. Mais le programme de primes d'encouragement en argent de Sunquest, que les agents eux-mêmes ont aidé à concevoir, a contribué à réduire le taux de rotation des télévendeurs. Ce dernier a passé de 30 à 40 pour cent tous les trois ou quatre mois à 5 pour cent aux six mois.

3.5 LES SYSTÈMES DE GESTION DU TÉLÉMARKETING

La présente section traite de deux facteurs dont il faut tenir compte lorsqu'on a choisi un programme de télémarketing d'entreprise : les systèmes intégrés de gestion (SIG) et les systèmes de gestion des appels (SGA).

LES SYSTÈMES INTÉGRÉS DE GESTION

La collecte et le traitement de données sont partie intégrante du télémarketing. Des données recueillies et compilées correctement sont utiles pour contrôler les résultats du programme (évaluer le rendement des télévendeurs et celle de l'opération en général), puis régler le tir. Les données et résultats de recherche fiables peuvent profiter également à d'autres secteurs de l'entreprise.

Dans le domaine du télémarketing, on appelle système intégré de gestion (SIG) le processus de collecte de données et de rédaction des rapports de recherche. Ce dernier peut être entièrement automatisé ou, au sein de petits centres de télé-marketing, entièrement manuel. Certaines firmes utilisent une combinaison des deux systèmes.

Au risque de se répéter, mentionnons que la forme et le contenu du SIG dépendent, en grande partie, de la taille et de la nature de l'application du télémarketing. Toutefois, *tout* bon SIG doit :

- permettre le renvoi et la manipulation des rapports d'appels, des grilles de notation, des rapports de prospection, etc., et fournir des données sur le rendement, les prévisions et les tendances;

- conserver les enregistrements, les données relatives aux comptes et aux ressources, etc.;

- s'il est informatisé, posséder un tableau pour calculer les ventes totales, le coût total des produits, etc. (s'il n'est pas informatisé, un comptable effectue ces calculs);

- pousser à l'action. Chaque feuille de papier ou chaque document informatique doit servir à quelque chose et ne pas dormir dans un classeur ou une base de données. Il faut remplir, distribuer et évaluer les documents régulièrement. Les données qui ne circulent pas sont inutiles.

Les SIG en télémarketing doivent faciliter l'évaluation de trois domaines précis : la productivité, le rendement et la rentabilité.

La productivité*.* Les rapports de productivité du SIG calculent l'efficacité opérationnelle du centre et des employés. Dans le cadre des ventes directes, par exemple, les rapports calculent entre autres :

- le nombre de compositions de chaque télévendeur;

- le nombre de contacts téléphoniques;

- le nombre de faux numéros ou d'erreurs;

- le nombre de tonalités d'occupation et d'absences de réponse;

- le nombre de rappels;
- le nombre de présentations effectuées par le télévendeur;
- le nombre de tentatives de vente;
- le nombre de prospects repérés par les télévendeurs;

ILLUSTRATION 6 : Systèmes intégrés de gestion :

EXERCICE FINANCIER: 1991-92		INDICATEURS DE RENDEMENT					
MOIS	NBRE DE JOURS D'ACTIVITÉS	NBRE DE TÉLÉVENDEURS	NBRE D'APPELS PAR JOUR	NBRE D'APPELS PAR JOUR PAR TÉLÉVENDEUR	RATIO DES RENOUVELLEMENTS	RATIO DES VENTES TOTALES	RATIO DES NOUVELLES VENTES
JUILLET							
AOÛT							
SEPTEMBRE							
OCTOBRE							
NOVEMBRE							
DÉCEMBRE							
JANVIER							
FÉVRIER							
MARS							
AVRIL							
MAI							
JUIN							

- le nombre de ventes conclues;
- le nombre de demandes de renseignements auxquelles on a répondu.

exemple d'extraction d'information

INDICATEURS DE VENTES QUOTIDIENNES					INDICATEURS DE PROBABILITÉS			
MOYENNE DE CHAQUE VENTE EN DOLLARS	TOTAL DES VENTES PAR JOUR	NOUVELLES VENTES PAR JOUR	TOTAL DES VENTES PAR TÉLÉ-VENDEUR PAR JOUR	NOUVELLES VENTES PAR TÉLÉ-VENDEUR PAR JOUR	MOYENNE EN DOLLARS DE VENTES PAR APPEL	COÛT MOYEN DE CHAQUE APPEL EN DOLLARS	BÉNÉFICES EN DOLLARS PAR APPEL	RENDEMENT MOYEN EN DOLLARS

Les rapports de productivité peuvent être horaires, quotidiens ou hebdomadaires, selon la rapidité avec laquelle on veut prendre des décisions. Les données servent à déterminer :

* les jours les plus favorables aux appels;
* les heures les plus favorables aux appels;
* les périodes les plus productives et les moins productives des télévendeurs;
* le nombre moyen de ventes par heure / jour / semaine;
* le pourcentage de ventes conclues.

Les données servent à la planification de la stratégie de marketing, de l'embauche, etc. Supposons, par exemple, que le nombre de contacts par appel est inférieur à la moyenne. Il est bon d'examiner alors les heures d'appel des télévendeurs. Si vous vous rendez compte que les clients sont absents durant ces périodes, réévaluez les heures de travail des télévendeurs.

TABLEAU 4 : Nombre moyen d'appels par jour

	Appels reçus par centre	Appels émis par centre
Gros	87	61
Fabrication	78	81
Services	220	142
Transport	187	248
Finances	378	123
Détail	94	161
Gouvernement	948	147
Autres	110	90
Total	172	140

Source : Telecom Canada, *Telemarketing in Canada* (Ottawa, juin 1990).

Le rendement. Même si les employés sont productifs, il se peut que cela ne se traduise pas par un volume de ventes équivalent. En évaluant le rendement, on peut déterminer si tel est le cas.

En utilisant l'exemple de l'application de vente directe, on peut concevoir des formules de ratio qui montrent :

- le nombre d'appels effectués comparé au nombre de présentations;

- le nombre de présentations comparé au nombre de ventes conclues.

De tels ratios font souvent ressortir clairement ceux qui ont un bon ou un mauvais rendement. On ne doit pas se fier seulement aux chiffres, mais les habitudes et les tendances peuvent se manifester dans ces données. Ces tendances se rapportent au centre dans son ensemble et aux employés pris individuellement. Fort de cette information, vous pouvez :

- évaluer et corriger les scénarios;

- adapter l'approche de vente;

- corriger les techniques de fermeture de vente de ceux dont le rendement est insatisfaisant;

- recommander des cours de rattrapage aux employés à faible rendement, ou les mettre à pied;

- repérer les personnes dynamiques et les récompenser au moyen de primes, de promotions ou d'autres mesures d'encouragement.

Il faut toujours comparer le rendement de chaque télé-vendeur à la moyenne des ventes réalisées dans son unité. En évaluant le rendement, il faut tenir compte de la valeur totale des ventes conclues par le télévendeur et de la valeur moyenne de chaque vente. Ces chiffres sont cruciaux pour évaluer une opération de télémarketing. La rentabilité demeure toutefois le meilleur indicateur.

La rentabilité. Les rapports de rentabilité permettent de comparer les revenus engendrés par le centre de télémarketing aux coûts d'exploitation.

Les coûts totaux comprennent les coûts fixes comme le loyer et les salaires, ainsi que les coûts variables comme les tarifs téléphoniques, les commissions et les primes. On calcule aussi les coûts répartis proportionnellement, comme ceux encourus lors d'une campagne de publipostage ou de ventes téléphoniques directes.

Les calculs de coûts typiques comprennent :

- les coûts de liaison;
- le coût par prospect;
- le coût par commande;
- le rapport ventes / dépenses de promotion;
- le rapport ventes / dépenses de télémarketing;
- le rapport prospects / clients.

Un directeur de télémarketing doit comparer le chiffre ainsi obtenu aux revenus totaux. À ce stade, la rentabilité du centre commence à se dessiner. Idéalement, ces rapports servent à évaluer le montant de chaque vente et ce qu'il en coûte de convertir les prospects en clients. Les chiffres peuvent aussi démontrer, en pourcentage, la contribution du centre de télémarketing au sein de l'entreprise.

TABLEAU 5 : Pourcentage moyen des appels de vente du télémarketing qui produisent une vente

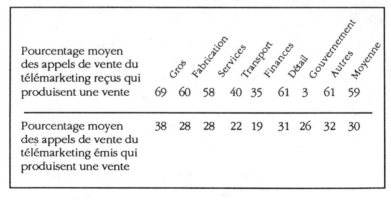

Pourcentage moyen des appels de vente du télémarketing reçus qui produisent une vente	Gros	Fabrication	Services	Transport	Finances	Détail	Gouvernement	Autres	Moyenne
	69	60	58	40	35	61	3	61	59
Pourcentage moyen des appels de vente du télémarketing émis qui produisent une vente	38	28	28	22	19	31	26	32	30

Source : Telecom Canada, *Telemarketing in Canada* (Ottawa, juin 1990).

Il est relativement simple de comparer les dépenses et les revenus des ventes directes, car de tels centres de télémarketing sont destinés à générer des profits. Cependant, toutes les applications de télémarketing ne se prêtent pas à ce type d'évaluation de la rentabilité. Il est difficile, mais non impossible, d'utiliser des rapports de rentabilité pour déterminer les revenus d'autres applications, comme le service à la clientèle, par exemple.

Avant de mesurer et d'évaluer les résultats définis dans les rapports, on doit donc savoir ce que l'on cherche et, partant, avoir en mémoire les objectifs fixés lors de la mise sur pied du programme de télémarketing.

Le corollaire est aussi vrai, et les chiffres peuvent révéler des occasions jusqu'à présent insoupçonnées. Si, par exemple, l'objectif du centre est la recherche de prospects, mais que les rapports démontrent la fermeture de toutes sortes de ventes, on doit y prêter attention. Il faut savoir comment utiliser les renseignements à son avantage.

AUTOMATISER OU NON

Il n'est pas avisé d'automatiser un SIG manuel sans d'abord évaluer soigneusement les avantages d'un tel changement et comparer les avantages aux coûts. Mais si l'équipe de télémarketing ne peut plus accéder immédiatement aux renseignements nécessaires à ses tâches, il est temps de songer à l'informatisation. Lorsque le système manuel est encombrant, difficile à maîtriser et que cela devient un véritable cauchemar de le maintenir à jour, la productivité diminue et les coûts augmentent. Le système est désuet et doit être remplacé.

L'EXEMPLE DE RYDER

Dans le domaine de la location de camions, la réussite repose sur un taux de réponse rapide. Ryder a acquis sa réputation grâce à une politique de rappel de 24 heures : tout client ou concessionnaire Ryder qui communique avec l'entreprise pour obtenir de l'information est assuré d'obtenir une réponse en moins de 24 heures. Mais au cours des périodes de pointe, en été, la succursale de Vancouver avait peine à appliquer cette politique.

119

La compagnie estima que l'unique représentant du service à la clientèle avait besoin de deux télévendeurs pour suffire à la tâche. C'est à ce moment que Ryder commença à envisager le recours à un logiciel conçu pour accroître la productivité.

Afin d'aider le représentant du service à la clientèle à répondre aux quelque 100 à 120 appels émis et 100 appels reçus par jour, l'entreprise se procura «TeleMagic», un logiciel qui :

- dresse la liste des appels à effectuer pour la journée;
- fournit des données sur les clients pour chaque cas;
- compose le numéro pour le représentant;
- fournit des «champs» dans lesquels on peut stocker des renseignements additionnels;
- reporte les appels à une date ultérieure;
- produit des rapports sur le nombre d'appels, leur durée, etc.

L'expérience tentée à Vancouver connut un tel succès qu'on intégra le programme à d'autres bureaux de Ryder dans tout le pays. Le représentant du télémarketing, M. John Nightingale, affirme : «Le télémarketing, de concert avec le logiciel, nous permet de nous rapprocher de nos clients et nous aide à répondre rapidement à leurs besoins.»

Dans une opération importante de télémarketing, la décision d'automatiser ou non nécessite une étude détaillée. On peut diviser le processus d'automatisation selon les étapes suivantes.

1. Former un comité chargé du projet. Il doit comprendre tous ceux dont l'opinion compte. On peut faire appel à un télévendeur, à un directeur, à un spécialiste des systèmes, à un chef de bureau et à tous les intéressés.

2. Fixer les objectifs du système automatisé. Le comité doit recueillir les données existantes ou procéder à une étude, en plus de déterminer le mode actuel de circulation des données.

3. Choisir le logiciel qui permette d'atteindre les buts fixés. Le logiciel constitue le cerveau du système et doit donc être choisi avec soin. S'assurer qu'il est facile à utiliser, assez souple pour être augmenté et capable de s'adapter à d'autres applications de télémarketing que celles déjà en exploitation.

4. Assurer la compatibilité du système avec le processeur central, la base de données et le réseau de l'entreprise.

5. Choisir le matériel en fonction du logiciel prévu, de ses possibilités d'extension, sa capacité à accomplir d'autres fonctions, selon le budget.

6. Choisir le vendeur ou l'entreprise qui offre des services complets de soutien et de formation.

Lorsque le système est installé, on doit s'attendre à une baisse de productivité pendant les trois premiers mois d'utilisation, le temps que les employés en maîtrisent l'usage.

CONSEILS SUR LE CHOIX D'UN LOGICIEL

Le choix d'un logiciel est moins difficile maintenant qu'il y a quelques années. Il existe des dizaines de logiciels qui peuvent exécuter une grande variété de tâches. Mais les logiciels qui présentent des fonctions multiples peuvent confondre le profane. Les quelques conseils ci-après peuvent servir de ligne directrice.

- Examinez soigneusement l'opération de télémarketing et déterminez les tâches que doit accomplir le logiciel.

- Dressez une liste de ces éléments et servez-vous-en pour guider votre recherche.

- Essayez de choisir d'abord le logiciel, puis le matériel qui lui conviendra le mieux. Toutefois, votre entreprise a peut-être déjà adopté un système. Si tel est le cas, lors de l'étude des différents logiciels, recherchez d'abord la portabilité. Le logiciel fonctionnera-t-il sur votre système? Plusieurs peuvent être utilisés sur tous les systèmes.

- Demandez à la compagnie ou au distributeur de logiciels de vous faire une démonstration ou de vous fournir une disquette de démonstration pour que vous ayez une idée du produit. Lisez attentivement la documentation et les manuels de l'usager.

- Le logiciel peut-il accéder à un réseau? Prendre en charge les réseaux locaux? Est-il évolutif?

- Le logiciel est-il convivial? Les menus et commandes d'aide sont-ils faciles à utiliser? Évaluez le temps qu'il faudra pour apprendre à s'en servir. Êtes-vous en mesure de former d'autres usagers? Le fournisseur du logiciel peut-il assurer la formation et si oui, à quel prix?

- Quel genre de programme d'entretien l'entreprise offre-t-elle? À quel prix?

- Quelle est la capacité du logiciel? Peut-il répondre aux besoins de votre base de données? Quelle en est la capacité maximale?

- Peut-on y effectuer des changements rapidement? La durée d'immobilisation sera-t-elle un facteur ou peut-on effectuer des changements pendant l'exécution d'un programme?

Parmi les caractéristiques à rechercher :

- Il est important de savoir si le logiciel comporte des champs vierges et si vous pouvez adapter le programme à vos besoins.

- Quel type de rapports le logiciel va-t-il produire? Sont-ce bien ceux dont vous avez besoin?

- Le logiciel peut-il «filtrer» ces rapports? (C'est-à-dire, peut-il choisir et extraire des données particulières comme «tous les clients qui ont acheté des biens d'une valeur de 1 000 $ au cours des deux derniers mois»?)

- Évaluez la vitesse du programme. Combien de temps un client devra-t-il attendre avant que le télévendeur ne sollicite l'information? Optez pour la rapidité.

- En matière de listes, le logiciel peut-il fusionner, épurer ou mettre à jour pour vous?

- Le logiciel possède-t-il des capacités de traitement de texte qui permettent aux télévendeurs de rédiger des lettres et des rapports? Une zone à structure non imposée peut aussi être utile.

- Le logiciel peut-il composer les numéros pour vous? Vous épargnerez ainsi beaucoup de temps.

- Un calendrier constitue un atout, car il vous permet de sélectionner d'avance l'appel à un client à une date donnée. Si vous planifiez des appels périodiques, il s'avère indispensable.

- Une «horloge de rappel» est un article pratique qui établit un horaire des activités et des tâches précises, en plus de vous rappeler à quel moment vous devez téléphoner. (Par exemple, si vous devez appeler M. Acolina à 9 h 15, le logiciel servira de réveil.)

- Une calculatrice est une fonction pratique.

La liste vous donne un point de départ. Une dernière suggestion : demandez dans votre entourage qui utilise quoi. Demandez au fournisseur de logiciels une liste de ses clients, les utilisateurs actuels. Téléphonez à ces derniers et sollicitez leur opinion. Les utilisateurs constituent souvent la meilleure source d'information.

Tableau «TeleMagic»

| Id.Cie=XYZ | Id.Pers.=Roy | Rappel 26.3.91 11:00 | | Lun 19.3 10:39 |

Nom	**M. Rémi Roy**		Dernier appel	**17.1.90 15:11**
Cie	**Industries XYZ**		Titre	**Président**
Adresse	**Parc du Coteau**		Source	**SMM**
2e ligne	**C.P. 336**		Début	**16.11.88**
Prov.	**Québec**		Statut	**Client**
Code postal	**J0P 1V0**		Cher	**Rémi**
Tél. trav.	**1-514-455-2092**		Télécopieur	**1-514-424-3322**
Tél. rés.	**1-514-259-1126**	F1= Aide! Cellulaire		**1-514-748-6412**

4.9.89	nouvelle commande de 2 500 unités
12.7.89	commande du prototype nouvelle version
15.3.89	demande de renseignements sur les modifications
	appel à leur ingénieur en chef, Luc Bigras, à propos de ses exigences et discussion avec Jules Rémy (prendre rendez-vous avec la secrétaire Jacinthe)
14.2.89	commande de 500 unités pour les représentants, les introduire progressivement dans les 6 mois
23.1.89	appel de suivi, satisfait de l'installation et content du produit
14.1.89	commande de 20 unités pour le bureau à la maison à venir, commandes pour les représentants

Touche **espace** pour menu OU **première lettre** de n'importe quelle commande.

TeleMagic vous donne accès au bout des doigts à tous les renseignements dont vous avez réellement besoin.

NDLR. Adaptation d'un tableau dont la version française n'était pas disponible au moment d'aller sous presse.

Abordons maintenant l'autre grand système du télémarketing.

LES SYSTÈMES DE GESTION DES APPELS (SGA)

La bonne combinaison de matériel et de services téléphoniques, de même que le personnel compétent, sont nécessaires pour que le centre de télémarketing atteigne son plein rendement. La combinaison utilisée s'appelle système de gestion des appels (SGA).

Essentiellement, les SGA comprennent tous les outils utilisés par les télévendeurs dans le cadre de leurs tâches. Ces outils vont du simple téléphone aux distributeurs d'appels automatiques hautement perfectionnés et aux composeurs prédictifs. La combinaison choisie doit dépendre de l'application du télémarketing. On doit considérer les facteurs suivants.

La gestion des appels reçus. Le système doit maximiser le nombre d'appels, mais minimiser le temps d'attente des clients. Si ceux-ci doivent attendre, ils risquent de raccrocher et de s'adresser à un concurrent.

Les appels reçus sont souvent le fruit d'une campagne de publicité directe, où le client est très intéressé et motivé à acheter. Il suffit d'analyser les réponses que l'on prévoit obtenir grâce à la promotion. Si vous avez mené des campagnes antérieures, qu'en avez-vous retenu? Évaluez le temps requis par chaque appel, les périodes de pointe probables et le personnel requis.

Tous ces facteurs jouent un rôle dans la gestion des appels; il faut en tenir compte lors du choix du matériel de communications et de la conception du réseau. Renseignez-vous auprès d'un spécialiste en télémarketing afin de déterminer les besoins de votre campagne et de rentabiliser votre budget.

La gestion des appels émis. Peu de facteurs sont laissés au hasard dans la gestion des appels de télémarketing d'émission, étant donné la nature proactive de ce dernier. Vous pouvez facilement fixer des objectifs et trouver des moyens de les atteindre, car vous tenez les rênes. La gestion des appels émis se traduit essentiellement par l'automatisation des appels.

LE MATÉRIEL, LES APPAREILS ET LES FONCTIONS

En raison du progrès rapide de la technologie, il est difficile de connaître chaque nouvel appareil de gestion des appels. Nous examinerons ceux qui ont fait leurs preuves et qui font partie intégrante des SGA au sein de nombreuses entreprises.

Le distributeur d'appels automatique. Conçu pour traiter un volume important d'appels reçus, il répond automatiquement aux clients au moyen d'un message enregistré, les met en attente et achemine les appels au premier télévendeur libre. Le distributeur est populaire et utile dans les programmes de télémarketing de réception d'appels, car il élimine la frustration reliée aux tonalités d'occupation et réduit le temps d'attente des clients.

Le contrôleur de séquence d'appels. Il s'agit d'une forme rudimentaire de distribution d'appels. Le dispositif peut acheminer les appels aux télévendeurs disponibles et, si ces derniers sont tous occupés, passer un message enregistré qui demande à l'interlocuteur de patienter jusqu'à ce qu'un télévendeur soit libre.

La téléphonie interactive. Elle allie le message vocal à la distribution des appels automatique ainsi qu'à l'accès à d'autres modes comme une ligne 800.

L'EXEMPLE D'AIR CANADA

Air Canada s'est rendu compte que la plupart des appels au sujet de son Programme de voyageurs assidus portaient sur les mêmes renseignements : les demandeurs voulaient connaître leur millage accumulé. Mais ces appels accaparaient les téléphonistes, et la compagnie a décidé d'adopter la téléphonie interactive.

Avec ce système, les clients téléphonent, et un message enregistré leur demande s'ils possèdent un appareil à clavier. S'ils n'en ont pas, ils sont reliés à un préposé. S'ils en ont un, on leur demande s'ils désirent le service anglais ou français. Le système indique la touche à abaisser pour répondre à chaque question.

Les clients composent ensuite leur numéro d'Aéroplan. S'ils n'en possèdent pas, ils peuvent appuyer sur la touche étoile, et les modalités d'adhésion leur sont expliquées.

En tout temps, les clients peuvent entrer en communication avec un préposé, en abaissant le zéro.

Lorsque le numéro d'Aéroplan a été composé, le système reconnaît le type d'adhésion (Régulier, Prestige ou Élite). Les membres qui font partie de cette dernière catégorie profitent d'un traitement préférentiel et entrent immédiatement en communication avec un préposé.

Le système reconnaît le numéro, accède au dossier du client dans la base de données et met le compte à jour. Les avantages sont nombreux : le service est offert 24 heures par jour, sept jours par semaine, et le temps d'attente est réduit. En outre, les clients peuvent communiquer avec un préposé en tout temps.

Les avantages pour Air Canada? Grâce au système, le nombre de télévendeurs a diminué, de même que les cas d'épuisement professionnel (*burnout*) chez les télévendeurs en poste, ces derniers n'ayant pas à répéter les mêmes tâches continuellement. La rotation du personnel diminue. Le système permet à Air Canada de se démarquer de la concurrence.

Les appareils d'écoute téléphonique. Ils permettent aux superviseurs d'écouter les conversations entre les télévendeurs et les clients. Le superviseur peut ensuite donner des conseils au télévendeur à propos du rendement et l'aider au niveau de sa formation. Aux États-Unis et au Canada, les problèmes d'éthique reliés à l'écoute téléphonique sont des sujets d'actualité, car on considère qu'il s'agit là d'une violation de la vie privée. Au Canada, en vertu des lois sur les droits de la personne, il faut avertir les télévendeurs que leurs appels sont supervisés. Ceux qui acceptent peuvent signer un formulaire de renonciation au moment de l'embauche, ce qui permet au superviseur d'écouter les appels en tout temps. Un dispositif doit indiquer au télévendeur et au client que l'appel est supervisé.

Les composeurs prédictifs. Ils permettent aux ordinateurs d'effectuer des appels automatiques. Il s'agit d'outils de télémarketing d'émission qui peuvent allier le SIG à la gestion des appels. À Montréal, par exemple, le Centre financier Household du Canada utilise un composeur prédictif qui entre les dates où les télévendeurs doivent téléphoner aux clients dont le compte est en souffrance. Chaque jour, les opérateurs sollicitent la liste de personnes. Une touche permet de composer le numéro automatiquement et d'afficher les renseignements relatifs aux comptes.

Lorsque le client répond, l'appel est acheminé automatiquement à un télévendeur libre. S'il n'y a pas de communication, le dispositif compose le numéro suivant qui figure sur la liste. Les composeurs de puissance peuvent augmenter la productivité jusqu'à 200 pour cent.

Parmi les autres fonctions ou dispositifs disponibles, on compte :

Le service de conférence ou la conférence à trois. Assure la liaison entre le télévendeur, le client et un troisième correspondant, comme un employé du comptoir des commandes, par exemple.

L'affichage numérique du numéro composé ou du poste d'arrivée. Permet de réduire le taux d'erreurs lors de la composition.

Le rappel automatique. Recompose automatiquement le numéro, lorsque la ligne est occupée. Assure vitesse et précision.

Les dispositifs de poursuite. Permettent l'enregistrement des facteurs de productivité, comme le nombre d'appels effectués depuis chaque poste de travail, leur durée, etc.

Les télécopieurs. Transmettent des documents ou des graphiques par téléphone. Le télémarketing utilise cette technologie pour recevoir des commandes locales par un numéro local ou par un numéro 800, pour donner de l'information sur les produits ou les commerçants, etc.

LE RÉSEAU

Le choix de la bonne combinaison de services de réseau varie selon les objectifs du centre de télémarketing, la région desservie, la taille du marché et le taux de réponse anticipé. Bien entendu, on doit tenir compte de divers aspects, lorsqu'il s'agit de télémarketing de réception, d'émission, local ou interurbain. Voyons ce qui est disponible actuellement.

LE TÉLÉMARKETING DE RÉCEPTION - APPELS LOCAUX

L'appel direct. La clientèle téléphone directement au centre au moyen d'un numéro local.

Le renvoi automatique à distance. Le service permet de transférer tout appel reçu localement à une autre localité ou à un autre numéro. Ainsi, tous les appels provenant des Maritimes peuvent être réacheminés à Halifax, ceux des Prairies, à Winnipeg, etc. Le service et les interurbains sont aux frais de l'abonné.

Les appels hors circonscription. Il s'agit d'une version bilatérale du renvoi automatique à distance qui permet d'effectuer *ou* de recevoir des appels interurbains sur la même ligne, au moyen d'un numéro local.

LE TÉLÉMARKETING DE RÉCEPTION - APPELS INTERURBAINS

L'interurbain automatique. Le client téléphone à l'entreprise à ses frais.

Les appels à frais virés. Lorsqu'un client utilise votre ligne locale pour téléphoner à frais virés, vous payez les frais d'appel. Ce mode de communications permet de tester de nouveaux marchés. Si la réponse est grande, on peut songer à l'installation d'un numéro 800.

Le service 800. Le service, gratuit pour la clientèle, est porté au compte de l'entreprise et facturé selon l'utilisation. Il y a environ 80 000 numéros 800 présentement en usage au Canada.

Des services 800 améliorés, comme le service 800-plus de Telecom Canada, sont également offerts. Pour en savoir davantage, renseignez-vous auprès de votre compagnie de téléphone.

Le service 900. Le service permet aux consommateurs d'exprimer leurs opinions sur des sujets très variés, depuis les émissions de télévision jusqu'aux nouveaux produits capillaires. Des frais minimums sont imposés à la personne qui effectue l'appel, et l'entreprise responsable du service 900 absorbe les coûts additionnels.

L'ÉMISSION D'APPELS

L'appel direct. Aucuns frais additionnels.

L'interurbain automatique. S'applique aux appels effectués au moyen des canaux standard. On facture les appels à l'entreprise selon la durée et la distance de chacun; ils s'ajoutent au service mensuel ordinaire.

Le service interurbain planifié (lignes WATS). Il s'agit de la version de télémarketing d'émission du numéro 800; le service consent des rabais importants.

Les services de télécopie. Le télécopieur transmet de la documentation écrite et graphique.

Le courrier électronique. Une variante du service de télécopieur, qui permet la transmission des messages d'ordinateur à ordinateur et leur livraison directe à la «boîte vocale» en ligne du prospect.

La gestion d'un centre de télémarketing comprend donc la gestion des données et des ressources. Lorsque ces éléments sont gérés adéquatement, ils servent à mesurer les progrès d'un programme.

3.6   *L'ANALYSE DE L'INVESTISSEMENT*

On ne peut planifier la mise sur pied d'un centre de télémarketing sans considérer soigneusement toutes les implications financières. On connaît l'importance, dans les autres secteurs de l'entreprise, de l'établissement d'un budget, de l'évaluation des charges d'exploitation et de l'estimation de la rentabilité. Il en va de même lors de la mise en place du centre de télémarketing.

Une telle analyse financière peut être relativement simple, ou très détaillée, selon la nature et l'étendue du programme. Toutefois, la meilleure façon de procéder est d'élaborer un modèle financier qui vous permette de déterminer le seuil de rentabilité des activités de télémarketing.

LE MODÈLE D'INVESTISSEMENT

Un modèle d'investissement comprend quatre parties, soit la *prévision des ventes, l'analyse des coûts variables, l'analyse des coûts fixes*, et *l'analyse des coûts en capital*; cela vous permet de calculer le seuil de rentabilité.

La prévision des ventes. La prévision des ventes permet d'évaluer les revenus bruts pouvant être engendrés par le programme de télémarketing. Il s'agit d'une procédure à deux étapes qui s'appuie également sur une certaine dose d'intuition et une analyse logique fondée sur des données historiques.

L'analyse des coûts variables. Les coûts variables comprennent toutes les dépenses qui varient selon le nombre d'appels ou de ventes conclues. En général, les coûts variables incluent les frais d'interurbain, le coût des biens vendus, les coûts d'exécution et des primes de rendement.

L'analyse des coûts fixes. Les coûts fixes comprennent les salaires, les frais des lignes téléphoniques fixes, les avantages et les frais divers.

L'analyse des coûts en capital. Ces coûts comprennent l'achat ou la location de bureaux, de matériel, de mobilier, d'ordinateurs, etc.

Pour démontrer le mode de fonctionnement du modèle, nous présenterons un scénario et ferons quelques suppositions. N'oubliez surtout pas que ceci est un modèle, et qu'il ne s'applique pas nécessairement à votre centre de télémarketing. Chaque programme devrait avoir ses propres prévisions budgétaires pour l'investissement envisagé.

130

Nous utiliserons une application de télémarketing d'émission d'appels d'entreprise à entreprise, en supposant également que ce centre comprend un directeur qui supervise trois télévendeurs et un commis de bureau. Le logiciel est offert à 4 600 $ l'unité, et le programme est relié à la publicité directe. Les clients éventuels sont avertis. Une liste, louée et mise à l'essai, s'est avérée efficace.

LA PRÉVISION DES VENTES

Pour prévoir les ventes, il faut suivre deux étapes. La première est simple et consiste à déterminer le nombre de prospects du marché. Si l'on loue une liste de 50 000 noms, celle-ci constitue le marché.

La seconde comporte l'évaluation du nombre de ventes prévues, en dollars ou en unités. Il faut donc élaborer un ratio de ventes conclues par rapport aux appels effectués, que l'on désigne sous le nom de ratio de conversion.

On peut calculer le ratio de conversion à partir des données historiques des dossiers de l'entreprise. Il faut déterminer le nombre de ventes conclues par tentative, lorsque d'autres méthodes de vente étaient utilisées. A-t-on conclu une vente à toutes les cinq visites effectuées par un représentant? La campagne de publipostage a-t-elle récolté un taux de réponse de 3 pour cent? (Consultez la liste des pourcentages de l'illustration 3). Il faut utiliser ces données comme guide pour évaluer le ratio en télémarketing. Songez à trois scénarios : le pire, le moyen et le meilleur.

S'il s'agit d'une nouvelle entreprise, il faut effectuer une étude de marché pour examiner les normes de l'industrie et déterminer le ratio commun entre les ventes conclues et les contacts effectués. Une étude récente (Tableau 5) démontre que 28 pour cent des appels de télémarketing d'émission dans le secteur manufacturier se soldent par une vente.

Les prévisions comportent une part d'incertitude, mais cela est également le cas lorsqu'on prévoit les ventes engendrées par une campagne de publipostage ou toute autre méthode.

Revenons maintenant à notre modèle. Supposons que l'on a déterminé quatre tentatives (en d'autres termes, quatre numéros composés) nécessaires pour faire une présentation complète. Si l'on dispose de trois télévendeurs, on peut prévoir les ventes annuelles de la manière suivante :

3 télévendeurs fois 5 heures d'appels / jour* = 15 heures totales d'appels / jour
15 heures d'appels / jour fois 220 jours   = 3 300 heures totales
                                                   d'appels / année
3 300 heures totales d'appels / année fois 15 numéros composés / heure =
                                      49 500 numéros composés / année

En supposant que les 3 autres heures de la journée sont consacrées à la préparation des appels, de notes et de rapports, aux repas, etc.

Pour arriver à la prévision des ventes, on doit diviser 49 500 par 4 — le nombre de compositions nécessaires avant de faire une présentation complète. Le résultat? On peut s'attendre à faire environ 12 375 présentations par année, ou environ 17 présentations par télévendeur par jour.

À la lumière des résultats de l'étude, 28 pour cent des appels de télémarketing effectués auprès du secteur manufacturier se traduisent par des ventes. La formule pour établir les ventes annuelles estimatives est :

12 375 présentations fois le taux de conclusion de 0,28 = 3 465 unités vendues

Il faut ensuite calculer le revenu brut.

Revenu brut :   3 465 unités fois 4 600 $ / unité = 15 939 000 $
Revenu net * :   15 939 000 $ - 1 593 900 $ = 14 345 100 $

* Le revenu net est le montant des ventes brutes, moins environ 10 pour cent pour les créances irrécouvrables et les remboursements.*

LES COÛTS VARIABLES

Les frais d'interurbain. Ceux-ci constituent le premier coût variable. Étant donné que ces derniers varient selon le temps, on doit déterminer le nombre total d'heures durant lesquelles les télévendeurs seront en ligne. On sait déjà que trois télévendeurs travaillent un total de 3 300 heures par année. Ces heures incluent le temps nécessaire pour composer les numéros, les tonalités d'occupation, la recomposition, la préparation des appels, l'envoi de notes d'appels et ainsi de suite. En fait, on estime qu'environ seulement la moitié du temps se traduira par des frais téléphoniques. En d'autres termes, on calcule la facture de téléphone sur 1 650 heures environ.

Étant donné que la compagnie de téléphone calcule son tarif à la minute, le coût total des interurbains est :

1 650 heures fois 60 minutes / heure = 99 000 minutes.

Maintenant, supposons que le coût par minute téléphonique est de 0,65 $, d'après la moyenne des frais d'appels interurbains directs au Canada. Les frais d'appels totaux pour l'année seraient donc les suivants :

99 000 x 0,65 $ / minute = 64 350 $

(Il s'agit d'une estimation assez élevée. Lorsqu'on négocie l'achat d'une liste, il faut déterminer l'endroit où résident la plupart des clients cibles. Par exemple, si 70 pour cent du marché vit dans le sud de l'Ontario, et que l'entreprise est située à Hull (Québec), une ou deux lignes WATS peuvent réduire les frais d'interurbain. Il faut se renseigner auprès de la compagnie de téléphone à ce sujet.)

Le coût des biens vendus. Ce chiffre varie selon les entreprises et les industries. Nous supposerons que le coût des biens vendus est le coût de fabrication du produit. On le situe à 35 pour cent du prix de l'unité, ou à 1 610 $ par unité. Le total du coût des biens vendus est le suivant :

1 610 $ par unité fois 3 465 unités = 5 578 650 $

Les primes d'encouragement. Celles-ci varient également d'une entreprise à l'autre, mais aux fins de notre exemple, supposons que les télévendeurs peuvent recevoir des bonis allant jusqu'à 3 000 $ par trimestre, soit 12 000 $ par année.

Les dépenses variables totales se calculent donc comme suit :

64 350 $	Frais d'interurbain
5 578 650 $	Coût des marchandises vendues
12 000 $	Primes d'encouragement
5 655 000 $	***Total des coûts variables***

LES COÛTS FIXES

Les salaires et les avantages. Parmi les premiers coûts fixes à considérer figurent les salaires et les avantages sociaux de tous les employés. Supposons que le superviseur de télémarketing travaille au programme à plein temps, au salaire annuel de 34 600 $, et que les coûts administratifs s'élèvent à 18 000 $ par année.

Maintenant, supposons que le salaire de base de chaque télévendeur est de 23 700 $ par année, soit un total de 71 100 $. Le coût fixe des salaires est donc :

34 600 $ + 71 100 $ + 18 000 $ $\qquad$ = 123 700 $

Le coût des avantages se situe généralement à 15 pour cent des salaires :

123 700 $ fois 0,15 $\qquad$ = 18 555 $

Le coût total des salaires et des avantages est donc :

123 700 $ + 18 555 $ $\qquad$ = 142 225 $

Les frais mensuels des lignes téléphoniques. Le coût des lignes centrales munies de postes à clavier est estimé comme suit :

5 lignes à 34,95 $ par mois $\qquad$ = 174,75 $
5 lignes avec postes à clavier à 3,80 $ par mois = 19 $
174,75 $ + 19 $ fois 12 mois $\qquad$ = 2 325 $
2 numéros 800 de 5 heures, à l'échelle du Canada = 2 fois 235 $ = 470 $
fois 12 = 5 640 $

Le loyer et les services publics. Si l'entreprise est de moyenne ou de grande taille, une partie des frais de loyer et de services publics risque d'être attribuée au centre de télémarketing. Supposons qu'un directeur dispose d'un bureau de 9 m^2 (100 pi^2), que chaque télévendeur dispose d'un espace de 6,3 m^2 (70 pi^2) (ce qui fait au total 18,9 m^2 ou 210 pi^2) et que le commis occupe 4,5 m^2 (50 pi^2). Si chaque pied carré coûte 1,50 $ par mois, le calcul est le suivant :

(100 + 210 + 50) fois 1,50 $ fois 12 $\qquad$ = 6 480 $

Les listes. Une liste moyenne coûte environ 125 $ par 1 000 noms. Vous aurez besoin d'environ 4 000 noms par mois, pour effectuer 1 032 présentations par mois, ou environ 48 000 présentations annuelles.

48 000 noms fois 125 $ / 1 000 = 6 000 $

Le publipostage. Ajoutez le coût et l'élaboration d'une campagne de publipostage pour soutenir le programme. Un dépliant de papier glacé à deux faces et quatre couleurs incluant une carte-réponse expédiée en nombre par courrier de 3e classe peut coûter environ 60 000 $.

Le total des coûts fixes de cet exemple est donc :

142 140 $	Salaires et avantages
2 325	Frais mensuels des lignes téléphoniques
5 640	Service 800
6 480	Loyer et services publics
6 000	Listes
60 000	Publipostage
222 585 $	**Total des coûts fixes**

LES COÛTS EN CAPITAL

Le dernier élément de notre modèle financier comprend les dépenses en capital. Un petit conseil, avant d'investir dans des postes de travail de télémarketing : faites l'essai de votre programme, pour vous assurer qu'il est rentable. La plupart des entreprises préfèrent utiliser le matériel et le mobilier en place, jusqu'à ce qu'elles soient certaines de l'avenir du programme.

Supposons également que vous utiliserez le matériel actuel de télécommunications. Toutefois, vous avez décidé d'investir dans trois postes de travail pour le télémarketing d'émission d'appels. Le coût moyen par poste est de 2 240 $ et comprend des bureaux, chaises, cloisons et classeurs.

2 240 $ x 3 = 6 720 $

On peut acheter les postes sur-le-champ et calculer leur dépréciation à long terme, ou les louer et amortir leur coût sur une période de 60 mois. Supposons que vous les louerez à 25 $

par mois par tranche de 1 000 $. Arrondissons à 7 000 $. Maintenant, le coût annuel de la location se présente comme suit :

25 $ x 7 x 12 = 2 100 $

La location est plus coûteuse, mais elle comprend la dépréciation du bien et les coûts de financement reliés. Dans cet exemple, on peut tricher un peu et oser une comptabilité «créatrice» en intégrant les coûts en capital aux coûts fixes, afin d'avoir une idée de la rentabilité générale des activités. Bien sûr, lors de la création du modèle, il est préférable de travailler avec son comptable pour l'établissement des méthodes comptables.

Résumé de l'analyse de l'investissement

Prévision des ventes	
Revenu brut	15 939 000 $
Remboursements et créances	
irrécouvrables (10 %)	1 593 900
Revenu total net	**14 345 100 $**
Coûts variables	
Coût des biens vendus (35 %)	5 578 650 $
Frais d'interurbain	64 350
Primes d'encouragement	12 000
Total des coûts variables	**5 655 000 $**
Coûts fixes	
Salaires et avantages	142 140 $
Location de listes	6 000
Loyer et services publics	6 480
Frais mensuels des lignes téléphoniques	2 325
Service 800	5 640
Publipostage	60 000
Location du poste de travail	2 100
(coûts en capital, voir ci-dessus)	
Total des coûts fixes	**224 685 $**

CALCULS DU POINT MORT

Il reste encore à calculer comment les ventes prévues se comparent au point mort prévu, soit le seuil où les coûts totaux et les revenus totaux s'équilibrent. C'est seulement lorsque l'on atteint ce point mort que le centre de télémarketing commence à être payant.

Voici une façon de le faire. Il faut d'abord évaluer la marge bénéficiaire brute prévue, en soustrayant les coûts variables du revenu net. En utilisant à nouveau notre modèle, l'équation pourrait se présenter comme suit :

14 345 100 $	(revenu net)
- 5 578 650 $	(coût des biens manufacturés)
8 766 450 $	(marge bénéficiaire brute)

Puis, il faut déterminer la marge bénéficiaire brute par unité vendue. On a prévu la vente de 3 465 unités chaque année. Il s'agit alors de diviser la marge bénéficiaire brute par le nombre d'unités prévu, ce qui donne le résultat suivant :

8 766 450 $	(marge bénéficiaire brute)
÷ 3 465	(prévision des ventes)
2 530 $	par unité (marge bénéficiaire brute approximative)

Nous en sommes maintenant à la dernière étape. Pour calculer le point mort, on doit à présent diviser le total des coûts fixes par la marge bénéficiaire brute par unité. Voici l'équation :

224 685 $ (coûts fixes) / 2 530 $ (marge bénéficiaire brute par unité)
= environ 89 unités.

Le programme de télémarketing atteint donc le point mort, lorsqu'on vend environ 89 unités par année. Cette estimation se fonde sur une prévision de 3 300 appels par année.

Une autre façon d'envisager le point mort consiste à calculer que chaque télévendeur doit vendre 30 unités par année, ou environ 2,5 par mois, ce qui est tout à fait raisonnable.

L'ÉTAT DES RÉSULTATS

Le point mort n'est qu'une mesure de la rentabilité. Une autre façon de vérifier la rentabilité générale des activités de télémarketing consiste à dresser un état des résultats. Le vôtre ressemblerait à ce qui suit.

État des résultats du service de télémarketing

Revenus (moins les retours)	14 345 100 $
Coût des biens manufacturés	- 5 578 650
Marge bénéficiaire brute	8 766 450
Total des coûts variables	- 76 350
Marge nette d'exploitation	8 690 100
Total des coûts fixes	- 224 685
Revenu net avant taxes	8 465 415
Impôt (supposons 40 %)	- 3 386 166
Revenu net	5 079 249 $

Sans l'aide d'un bilan, il est impossible de calculer le rendement des investissements. On peut toutefois calculer le rendement des ventes :

$$\text{Rendement des ventes} = \frac{\text{Revenu net}}{\text{Ventes}} = \frac{5\ 079\ 249}{14\ 345\ 100} = 35,4\ \%$$

Selon ces suppositions et ces données sommaires, le centre semble être solide financièrement et rentable.

Comme nous l'avons mentionné, ces calculs se fondent sur de nombreuses suppositions. Toutefois, l'objectif de la présente section est de fournir des outils de base qui aident à évaluer les coûts du service de télémarketing. Les éléments essentiels étant en place, on doit maintenant les considérer dans le contexte de l'entreprise — les frais généraux, les méthodes comptables, etc.

Les méthodes décrites ci-dessus présentent deux approches qui déterminent les revenus et les coûts reliés à l'exploitation d'un centre de télémarketing. Elles examinent l'investissement requis par un centre relativement important qui compte un programme d'émission complexe, mais qui est parti de zéro. La nature et la portée d'un service de télémarketing, de même que les méthodes d'évaluation des coûts, varient selon les objectifs fixés.

Supposons qu'on désire mettre au point un programme d'appels périodiques pour 1 000 clients marginaux. L'objectif du programme consiste simplement à demeurer en contact avec les clients en regard des produits et/ou services offerts, et à repérer les occasions de vente. Il s'agit donc en réalité d'un centre de coûts plutôt que d'un centre de profits. Après avoir défini la taille du service, on peut commencer à mettre au point un modèle des coûts. Il suffit de déterminer la fréquence des communications; ainsi, on peut calculer les coûts variables et les facteurs de temps.

Disons que l'on doit téléphoner aux clients 12 fois par année — donc 12 000 appels d'une durée approximative de 3 minutes chacun (ces appels sont de plus courte durée que les appels émis, car il s'agit d'un appel d'information plutôt que de vente). Traduit en coûts variables, cela équivaut à 36 000 minutes à 0,65 $ la minute, soit environ 23 400 $ avant les taxes. Un télévendeur aguerri peut passer de 5 ou 6 heures par jour au téléphone. Donc, 600 heures d'appels divisées par 6 heures par jour signifie qu'il faudra 100 jours, soit un peu moins de la moitié du total de 220 jours disponibles.

Le temps est venu de prendre des décisions. Faut-il embaucher du personnel à temps partiel pour des demi-journées, ou faut-il trouver une personne compétente au sein de l'entreprise, qui accomplirait également d'autres tâches? Faut-il se procurer du matériel téléphonique, des logiciels, des bureaux, des chaises et manuels additionnels? Le programme ne comprend généralement pas de primes d'encouragement, et les coûts s'en trouvent ainsi réduits.

Une autre approche de ce programme consiste à supposer qu'il faut joindre 1 000 clients une fois par mois. Étant donné que vous disposez de 20 jours, il faut effectuer 50 appels par jour. À une durée moyenne de 3 minutes par appel, le tout prend 2,5 heures. Si l'on ajoute le temps de préparation et d'administration nécessaire, l'investissement total peut représenter 4 ou 5 heures.

Une fois que les éléments clés du plan de télémarketing ont été définis, il est simple de mettre au point un modèle d'investissement, que l'on peut améliorer par la suite. Supposons que les 1 000 comptes sont divisés selon leur «rentabilité». Les clients «A», au nombre de 200, sont les plus «rentables», et on doit les joindre 18 fois l'an. Les 600 clients «B» sont moins importants et ne nécessitent que 12 appels par année, tandis que les clients «C», ceux qui restent, n'exigent que 6 appels. Il faut procéder ainsi pour établir les coûts :

Clients A	18 appels fois 200 clients	=	3 600 appels
Clients B	12 appels fois 600 clients	=	7 200 appels
<u>Clients C</u>	<u>6 appels fois 200 clients</u>	=	<u>1 200 appels</u>
Total	1 000 clients		12 000 appels

Vous disposez maintenant des facteurs qui vous permettent d'établir le temps requis pour communiquer avec ces clients, et des calculs nécessaires pour les joindre efficacement. On peut également déterminer tous les coûts connexes.

Les programmes de télémarketing de réception d'appels, en particulier les nouveaux, nécessitent une plus grande intuition, puisqu'il faut tenter de déterminer le nombre de clients qui vont téléphoner. Le nombre d'appels varie selon le degré de promotion du numéro. En supposant un publipostage limité à 1 000 prospectus par semaine et un taux habituel de réponse de 3 pour cent, on peut s'attendre à recevoir 30 appels dans les deux semaines qui suivent. Par ailleurs, si on distribue 60 000 prospectus en même temps, le nombre d'appels augmentera en conséquence. On peut ici compter sur la compétence des conseillers et des représentants de service-bureaux pour établir les coûts avec précision.

À L'ESSAI DE VOTRE MARCHÉ

N'oubliez pas que nos résultats s'appuient sur des estimations sur papier, et que l'on ne peut tout prévoir. Pour cette raison, il peut être sage de mettre son programme de télémarketing à l'épreuve. Faites appel à un service-bureau, qui examinera votre programme à la loupe, ou démarrez votre propre centre de télémarketing en lui accordant une période de rodage.

L'exemple utilisé se rapportait à un programme de télémarketing d'émission d'appels, mais les mêmes concepts et les mêmes méthodes s'appliquent également aux programmes de télémarketing de réception d'appels. Il suffit de connaître assez bien son marché et d'utiliser un ratio de conversion raisonnable dans les prévisions des ventes. Bien entendu, il peut s'avérer nécessaire de calculer d'autres dépenses, comme le coût d'une campagne de publipostage. En outre, les frais d'interurbain peuvent être moindres si les clients utilisent un numéro 800 pour passer leurs commandes, dont le coût est inférieur aux appels à frais virés. Essentiellement, les mêmes règles s'appliquent.

Quelle que soit l'application retenue, il faut élaborer un modèle financier. S'il s'appuie sur des données historiques précises et une compréhension des tendances de l'industrie, il peut vous donner un aperçu fidèle des chances de réussite de votre programme de télémarketing.

4

4.1 L'EXPLOITATION D'UN CENTRE DE TÉLÉMARKETING : L'ART DES LISTES

Nous l'avons déjà dit, la «diffusion restreinte» constitue l'un des avantages d'un programme de télémarketing, par lequel l'entreprise peut procéder à une diffusion restreinte d'un message, c'est-à-dire cibler un marché déterminé et y concentrer ses efforts de promotion et de recherche. Le publipostage est une forme de «diffusion restreinte» que l'on utilise souvent de concert avec le télémarketing. Tous deux ne sont cependant efficaces que s'ils s'appuient sur des listes fiables.

Les listes ne sont qu'une série ou un répertoire de noms de personnes ou d'entreprises. Elles devraient comprendre les numéros de téléphone et d'autres renseignements pertinents comme la nature de l'entreprise. C'est à partir de ces listes que la plupart des télévendeurs ciblent leurs marchés et, éventuellement, établissent leur clientèle.

Grâce à une liste bien dressée, les ventes téléphoniques peuvent dépasser vos attentes les plus ambitieuses. Par contre, une liste mal préparée peut rendre inopérants les autres éléments de votre programme, si bien structurés soient-ils. Au Canada, les télévendeurs disposent de plusieurs milliers de listes à l'heure actuelle. Comment pouvez-vous trouver ou créer la liste de clients et de prospects? Comment savoir si cette dernière répond parfaitement à vos besoins? Comment pouvez-vous en vérifier la précision et la validité?

Pour répondre à ces questions, vous devez connaître les notions de base sur les listes utilisées en télémarketing. On les sépare en deux grandes catégories : les listes de répondants et les listes compilées. Il existe également plusieurs façons de dresser des listes. Une entreprise peut créer une liste maison fondée sur l'information qu'elle a recueillie, faire appel à un courtier en listes, qui l'aidera à trouver la liste appropriée, ou louer ou acheter une liste d'un propriétaire de listes ou d'entreprises spécialisées.

Les **listes de répondants** se composent de noms de personnes qui ont déjà répondu à une promotion ou à une sollicitation de marketing direct. Les répondants ont acheté un produit, se sont abonnés à une publication ou à un service, ont contribué à une oeuvre de charité ou ont joint un club par l'entremise du marketing direct. Cela les qualifie jusqu'à un certain point, étant donné qu'ils ont manifesté un intérêt à recourir à la vente directe. Certaines listes comprennent des renseignements sur ce que les clients ont acheté et / ou sur l'origine de la promotion initiale.

D'autres ne renferment que le nom des suspects, des gens qui sont informés sur un produit ou un service semblable à celui qu'offrira votre entreprise.

Les **listes compilées** contiennent de l'information recueillie de sources secondaires et publiques, et qui est largement diffusée. Parmi ces sources on retrouve les Pages Jaunes, les annuaires d'adresses et de numéros de téléphone, les chambres de commerce, les listes d'adhérents à des associations professionnelles, les listes électorales, les listes de membres de clubs athlétiques ou sociaux, les listes de donateurs, etc.

La création de listes compilées est devenue un exercice de plus en plus précis. Un programmeur qualifié peut en monter qui répondent aux exigences particulières de presque n'importe quelle entreprise. Bien que ces listes renferment le nom de suspects qui ne sont parfois pas aussi bien ciblés que ceux des listes de répondants, elles contiennent souvent des données démographiques précieuses sur les consommateurs ou les entreprises, et des données qui peuvent faciliter le repérage des prospects. Une liste compilée bien dressée ne contiendra aucune entrée double.

Il existe plusieurs façons de se procurer des listes de répondants ou compilées.

LES LISTES MAISON DE RÉPONDANTS

Il se peut que votre entreprise ait rangé, dans divers fichiers informatiques ou plusieurs classeurs, l'une des ressources les plus précieuses du télémarketing — les éléments d'une excellente liste de clients et de prospects. La clientèle de l'entreprise représente une liste de premier choix de prospects, car les clients connaissent l'entreprise, son produit ou son service, et leur cote de solvabilité peut être vérifiée. Même les dossiers sur les clients inactifs, les détenteurs de garanties ou ceux qui n'ont fait qu'une demande de renseignements peuvent être grandement utiles.

Mais ces renseignements ne constituent que des *éléments* d'une liste si, initialement, vous ne disposez que de données brutes sous la forme de dossiers de transactions, d'appels de service, de demandes de renseignements, etc. C'est seulement lorsque toute l'information est comprise dans une seule liste que vous pouvez vraiment attaquer votre marché cible, que l'opération soit informatisée ou manuelle.

Une bonne liste est bien plus qu'un simple répertoire de noms et d'adresses. Elle constitue votre étude de marché abrégée et fournit une foule de renseignements sur chaque personne dont le nom y figure. En créant une liste maison, il faut se rappeler un principe tout simple : le plus grand nombre de renseignements maniables, le mieux. Le mot clé ici est *maniable*. Une information trop abondante peut compliquer l'utilisation de la liste et la délimitation d'éléments précis. Cependant, pour être vraiment utile, une liste maison devrait renfermer les renseignements suivants :

- Le numéro du client
- Son titre (M., Mme, D^r, etc.)
- Le nom de famille
- Le prénom

- L'adresse
- La ville
- La province, le territoire ou l'État
- Le code postal
- Le pays
- Le numéro de téléphone accompagné de l'indicatif régional
- La langue maternelle
- Le sexe

Idéalement, on y trouvera les renseignements additionnels suivants :

- Le client est-il actif ou inactif?
- Le type d'entreprise
- La date de la première communication avec lui
- La communication a-t-elle été établie par le client lui-même ou par un vendeur (le cas échéant, préciser le nom de ce dernier)
- Les dates des achats du client
- La nature des biens ou des services achetés (incluant les numéros de code des produits)
- Le montant de la vente
- Le mode de paiement
- L'âge du client
- Le dossier de service du client

En établissant votre liste, vous verrez peut-être se dessiner des tendances qui dressent un profil de votre client type. Vous vous rendrez compte, par exemple, que votre client est une femme, qu'elle est mariée, âgée de 38 ans et qu'elle habite un quartier de classe moyenne. Vous découvrirez peut-être également qu'elle se procure un de vos produits ou services plusieurs fois l'an et qu'elle demeure fidèle à votre produit.

Si votre opération est d'entreprise à entreprise, votre liste peut refléter les genres de produits ou de services offerts par vos entreprises cibles, leurs habitudes d'achat, leur taille, leur portée, etc. Ces renseignements sont utiles, lorsque vous voulez élargir votre clientèle et promouvoir votre produit à l'intérieur de votre créneau.

Une bonne liste n'est pas immuable. Les Canadiens déménagent fréquemment, ce qui entraîne des mises à jour presque quotidiennes d'adresses et de numéros de téléphone. En outre, la liste d'une opération d'entreprise à entreprise est sujette à des changements de personnel des entreprises cibles. Si, par exemple, l'acheteur Pierre Tremblay a quitté la Société Sommet au profit des Entreprises Maximum, il est essentiel que votre liste renferme le changement le plus rapidement possible. De cette manière, un télévendeur ne fera pas l'erreur de demander à parler à la mauvaise personne à la Société Sommet. En outre, il possède déjà une entrée précieuse chez Maximum, étant donné que M. Tremblay, un client régulier, connaît déjà votre entreprise. Pour vous assurer de l'exactitude de vos listes, vous pouvez :

Communiquer avec vos clients. Il se peut que vos clients communiquent régulièrement avec un certain nombre de personnes de différentes divisions de votre entreprise, comme le service à la clientèle, les ventes et la comptabilité. Il devrait aller de soi que votre personnel vérifie le titre de ces clients, leur adresse et numéro de téléphone, etc., idéalement chaque mois, et qu'il passe ces renseignements aux télévendeurs.

Mettre à jour vos annuaires téléphoniques. Assurez-vous de posséder les éditions les plus récentes des annuaires téléphoniques et index multifichiers pertinents.

Trier le courrier retourné. Vérifiez tout le courrier retourné afin d'y déceler les adresses erronées ou inexistantes, ou les changements d'adresse. Si vous avez recours au service de première classe, le bureau de poste indiquera la raison du retour sur chaque pièce de courrier. S'il s'agit d'envois en nombre, avertissez le bureau de poste que vous êtes prêt à assumer les frais de retour et assurez-vous que votre adresse de retour figure clairement sur l'enveloppe.

Éliminer les prospects inactifs ou indifférents. Éliminez régulièrement les clients qui n'ont pas répondu aux nouvelles sollicitations de votre entreprise, qui n'ont manifesté aucun intérêt, qui ont demandé à être rayés de vos listes ou dont la cote de solvabilité est inacceptable.

Si, pour quelque raison que ce soit, vous ne pouvez pas utiliser vos dossiers pour dresser une bonne liste de répondants, il existe d'autres façons d'en obtenir une, comme le démontre l'exemple suivant.

L'EXEMPLE DE LA COMPAGNIE THOMAS J. LIPTON

Thomas J. Lipton, le fabricant des cubes Oxo et d'autres produits alimentaires, a compilé sa liste maison à l'aide d'une promotion réalisée par le service-bureau de CPM Hull Colvey.

Au moyen d'annonces parues dans les revues et affichées sur les étagères des magasins, Lipton a invité les consommateurs d'Oxo à composer un numéro 800, afin de se joindre au Club Oxo et de recevoir gratuitement un livre de recettes. Ces derniers recevaient un aimant à apposer sur le réfrigérateur ainsi que des coupons, et on leur demandait également de trouver trois connaissances désireuses de joindre les rangs du club.

En fait, les demandeurs parlaient à un télévendeur de CPM Hull Colvey, lequel prenait en note leurs nom, adresse, code postal et numéro de téléphone, en plus de leur poser quelques questions sur la fréquence d'utilisation du produit, la façon de l'utiliser et les marques de cubes de bouillon concurrentes achetées.

Il s'agissait d'une campagne de télémarketing de réception d'appels classique, destinée à établir une base de données et à mener une étude de marché. La compagnie Thomas J. Lipton pourrait, à une date ultérieure, utiliser sa liste maison pour procéder à d'autres envois ou effectuer d'autres appels de suivi de télémarketing auprès d'un marché ciblé.

LES LISTES COMPILÉES MAISON

On peut également compiler une liste de prospects à partir de sources extérieures dont les Pages Jaunes, les clients inactifs, les annuaires téléphoniques, les index multifichiers et les répertoires industriels, les personnes recommandées par la clientèle, les demandes de renseignements téléphoniques et les coupons-réponse.

Là encore, une bonne liste compilée doit être précise, c'est-à-dire élaguée afin de tenir compte du marché que vous désirez cibler.

Il se peut que vous ayez l'impression de gaspiller vos ressources en les appliquant à la préparation de listes devant servir à votre programme de télémarketing. En pareil cas, il faudrait songer à louer ou à acheter des listes auprès de propriétaires ou de courtiers de listes.

Les propriétaires de listes ont généralement dressé leurs listes à partir de sources multiples. Certaines ne comprennent que des noms, tandis que d'autres sont plus élaborées. L'obtention des numéros de téléphone qui correspondent aux noms qui figurent sur les listes est toujours assortie de frais additionnels.

Renseignez-vous auprès des propriétaires de listes au sujet de la fréquence des mises à jour. Les mises à jour quotidiennes conviennent le mieux, bien que les mises à jour hebdomadaires soient acceptables. Une liste dont l'information est erronée, ne serait-ce que partiellement, ne peut vous être d'aucune utilité.

Les courtiers peuvent vous aider à effectuer un choix éclairé parmi le grand nombre de listes disponibles. Ils mettent en communication les créateurs et les utilisateurs de listes. À l'instar d'un bon conseiller, le bon courtier peut vous épargner du temps. En général, le courtier est payé par le propriétaire de la liste, et il faut en choisir un avec soin. Un courtier fiable vous aidera à obtenir une liste utilisable en l'adaptant à vos besoins. Toutefois, l'élagage de la liste se traduit par une baisse de volume et partant, par la diminution de la commission du courtier. C'est un aspect dont il faut tenir compte. D'habitude, les honoraires du courtier sont compris dans le coût d'achat de la liste.

Location ou achat direct. Il n'est pas nécessaire de recourir aux services d'un courtier. Vous pouvez partir à la recherche de la liste convoitée en exprimant vos besoins à un marchand de listes (dont le nom figure souvent dans les Pages Jaunes). Rappelez-vous toutefois que l'exactitude des données diminuera avec le temps, à moins que la liste ne soit mise à jour. En outre, si votre programme de télémarketing est déjà en cours, demandez-vous à combien de reprises votre télévendeur téléphone aux clients dont le nom apparaît sur la liste que vous désirez acheter ou louer, et choisissez la taille de la liste en conséquence.

La location directe est également un moyen d'acquérir les droits de noms appropriés. Vous pouvez louer des listes pour un usage unique ou multiple. Avant de louer une liste, vérifiez-en la validité.

LA MAXIMISATION DE VOTRE LISTE

Une liste bien conçue et choisie minutieusement ne se traduit pas nécessairement par un taux élevé de réponse. De fait, méfiez-vous de ceux qui vous promettent une réponse précise. Il n'existe aucune garantie de succès, mais il *existe* certaines étapes que vous pouvez suivre pour augmenter le taux de réponse.

Ciblez votre marché. Il s'agit ici de ne pas perdre de vue à qui s'adresse votre campagne de télémarketing : des clients existants, des clients passés ou des prospects inconnus? Parcourez la liste avec attention en gardant votre objectif bien en vue.

Supprimez de la liste a) ceux qui ne font pas partie de votre marché cible, b) les inexactitudes et c) vos clients actuels que vous ne désirez pas joindre par télémarketing.

Classifiez votre marché. En d'autres mots, restreignez votre champ davantage. Par exemple, si vous vendez à des clients actuels, vous ne voulez vous adresser qu'à ceux qui appliquent moins de 500 $ par mois à l'achat de vos produits ou services.

Faites l'essai de votre liste. Consultez la section 4.4 à ce sujet.

On ne peut insister suffisamment sur le fait qu'une mauvaise liste peut annihiler complètement vos efforts. Plus vous êtes prudent dans le choix de la bonne liste, meilleures sont vos chances de réussite.

4.2 L'APPROCHE DU MARCHÉ

Supposons que vous aurez recours au télémarketing d'émission d'appels. Vous êtes convaincu que le produit ou service offert à vos clients ou à vos prospects est avantageux; vous connaissez parfaitement les caractéristiques qui rendent votre produit ou service unique, et comment elles se traduiront en profits, et vous savez que votre clientèle éventuelle saura difficilement résister à votre offre. Mais comment mettre votre offre en valeur? Comment en promouvoir les avantages auprès de clients éventuels qui voudront savoir où se trouve leur profit?

Vous pouvez augmenter considérablement l'efficacité de votre programme de ventes d'émission en soumettant un scénario à vos télévendeurs.

Votre scénario constitue un moyen de faire valoir les avantages associés à l'achat de votre produit ou service. Le scénario est comme une carte routière. Il indique à votre télévendeur sa position ainsi que le chemin à emprunter, en plus de lui signaler les embûches et détours qu'il rencontrera sur sa route. Le scénario est un document de travail qui permet à vos télévendeurs de livrer un message qui se tient et que l'on peut contrôler, mais qui est également suffisamment souple pour s'adapter aux réponses inattendues des prospects. Un bon scénario est un outil qui fournit à votre personnel des ventes toute l'information dont il a besoin pour effectuer ses ventes, en plus de suggérer des moyens de répondre aux objections soulevées par les clients éventuels.

Bien conçu, le scénario peut augmenter la confiance des télévendeurs, ce qui a un effet bénéfique sur la manière dont vos clients jugeront votre entreprise ainsi que les produits et services qu'elle vend.

On compte deux grands types de scénario : le scénario mot à mot et le scénario libre, et chacun comporte différents styles et niveaux de souplesse.

150

Le scénario mot à mot. Ce type de scénario est courant dans le télémarketing d'entreprise à consommateur. Il s'avère très efficace, lorsque le but de l'appel est relativement simple et que vous voulez que l'on présente un message uniforme chaque fois. Dans le cadre des collectes de fonds et des études de marché, par exemple, vos télévendeurs n'ont pas besoin de s'éloigner d'un scénario bien structuré.

Le télévendeur à qui on demande de respecter un scénario n'a pas à posséder de talents particuliers pour la vente. Mais il se peut que vos clients éventuels aient l'impression qu'il ne fait que réciter un message tout fait. Bien qu'il ne faille pas que les télévendeurs soient d'excellents vendeurs, ces derniers *doivent* être en mesure de lire un scénario d'un ton calme et spontané, de manière à ce que la communication prenne l'allure d'une conversation. Soyez à la recherche de gens naturellement détendus et chaleureux. Afin de réduire l'ennui et l'épuisement, limitez leurs horaires de travail, puis confiez-leur d'autres tâches.

Le scénario par enchaînement. Il est utilisé par certaines maisons afin de briser la monotonie. Il s'agit essentiellement de scénarios mot à mot, mais qui permettent aux télévendeurs d'utiliser des variantes à chaque section du scénario. Ce genre de scénario s'adapte aux différentes personnalités des télévendeurs, en plus d'accorder à ces derniers un niveau de souplesse et de vous permettre de maintenir le contrôle des échanges.

Les canevas. Ce sont de brefs énoncés écrits qui mettent en évidence certains éléments clés. Ils sont surtout utilisés dans le cadre du télémarketing d'entreprise à entreprise pour la vente directe, la recherche de prospects, le repérage de prospects ou le recouvrement des comptes en souffrance. En général, on doit accorder davantage de souplesse aux télévendeurs dans de telles situations, car il se peut qu'ils communiquent avec des personnes aussi différentes qu'un chef de bureau et un comptable, ou même avec un président d'entreprise. L'utilisation des canevas requiert une habileté et une expérience de la vente supérieures. Embauchez des télévendeurs qui peuvent assimiler l'information, ont l'esprit vif et s'adaptent rapidement et intelligemment. Il va sans dire que le rendement sera différent d'un télévendeur à l'autre.

Les scénarios d'incitation. Ils constituent une variation des canevas. Dans un scénario d'incitation, certaines parties doivent être lues sans aucune modification. Par exemple, un scénario mot à mot précis peut s'utiliser pour décrire une offre spéciale ou annoncer un nouveau produit, afin que chaque télévendeur communique le même message à tous les clients. Le reste de la conversation est laissé à la discrétion du télévendeur.

LA CONCEPTION D'UN SCÉNARIO DE TÉLÉMARKETING D'ÉMISSION D'APPELS

Il n'existe pas deux clients semblables. Toutefois, l'approche des clients, quelles que soient leurs différences, constitue *bel et bien* un art. Le scénario du programme de télémarketing d'émission doit inclure les sept éléments suivants :

1. La vérification. Avant de faire part d'un message ou d'une offre, le télévendeur doit parler à la bonne personne. Bien entendu, il pourra y parvenir en se servant d'une liste bien dressée. Si un doute subsiste, le télévendeur doit déterminer qui est le décideur et s'entretenir avec cette personne. Il peut recourir au scénario pour se sortir de ce dédale.

2. La présentation. Voilà une étape importante de l'appel. Le télévendeur doit s'identifier, présenter l'entreprise et donner les raisons de son appel. Le scénario doit faire en sorte que le but de l'appel est énoncé de manière à ce que le client veuille demeurer à l'écoute. Par exemple : «Monsieur Tremblay, si je peux vous montrer comment réduire vos frais de publipostage de 15 pour cent par mois, m'accorderez-vous quelques minutes de votre temps?»

Cette méthode ne garantit pas que M. Tremblay voudra en savoir davantage, mais ce dernier sait exactement de quoi il retourne.

3. La cueillette de données. Par ce procédé, on détermine les besoins précis de chaque client. Le scénario doit inclure des questions aux prospects relativement à leurs problèmes ou besoins, en plus de leur fournir des solutions reliées au produit ou au service offert. Cette partie du scénario s'appelle le «coup de sonde».

Deux types de questions peuvent être utilisés, lorsque vous recueillez des renseignements. La question *ouverte* invite le client à parler librement. Dans le cas de M. Tremblay, le télévendeur pourrait dire : «Parlez-moi de votre mode de publipostage actuel. Vous disposez de combien d'appareils?» D'habitude, le client donne de plus amples détails, des renseignements additionnels que le télévendeur intègre à son message de vente.

Une question *fermée* produit une réponse affirmative, ou aucune réponse. Par exemple : «M. Tremblay, vous possédez une unité ABC et une unité XYZ, n'est-ce pas?» De telles questions vous permettent de contrôler la situation. Un bon coup de sonde comporte une combinaison des deux types de questions.

4. Le message de vente. Une fois que les données ont été compilées grâce au coup de sonde et qu'un besoin a été défini, le télévendeur peut faire part de son message de vente. Dans un programme de télémarketing d'émission d'appels, le message de vente est, en fait, l'offre spéciale présentée à vos clients (nous en reparlerons en détail à la prochaine section). Le scénario est le véhicule de cette offre.

Pour maintenir l'intérêt du client, le message doit être court et aller droit au but. De nombreux télévendeurs ne comprennent pas que ce sont les avantages qui intéressent les clients, non les caractéristiques.

Une caractéristique est un trait typique d'un produit ou
d'un service. Par exemple, la couleur, la taille et la forme se
rapportent à un produit. Il est peu probable que l'intérêt de
M. Tremblay soit éveillé, si on lui précise que l'imprimante
d'étiquettes d'adressage mécanique est verte et de forme
carrée. Toutefois, si votre télévendeur lui indique que la
vôtre peut traiter deux fois plus d'unités que ses deux
imprimantes, dans les mêmes limites de temps, ce renseignement lui donne une bonne raison d'acheter. M. Tremblay sera
tout oreilles s'il peut faire le lien entre les avantages offerts et
l'amélioration de la productivité, la diminution du temps de
travail et l'augmentation des profits de son entreprise.

En d'autres termes, un avantage est une valeur personnalisée; il indique au client ce qu'une caractéristique précise peut
accomplir pour lui. Les clients achètent des avantages, et votre
message de télémarketing doit mettre en évidence ce que votre
produit ou service est en mesure de leur apporter.

5. L'aplanissement des objections. Nous ne nous attarderons pas sur les objections, un sujet abordé en détail par de
nombreux ouvrages. Toutefois, il est important d'en présenter
les grandes lignes.

Le processus de vente débute réellement au moment de la
première objection. Une objection est tout ce qui constitue un
obstacle à la réalisation d'une vente. Bien qu'il soit difficile de
contrer les objections, ces dernières *sont* prévisibles, et vous
êtes donc en mesure de les tourner à votre avantage.

Les objections se classent habituellement en quatre catégories : le prix, la remise à plus tard, le produit et les motifs
d'ordre personnel. Les objections relatives au prix sont directes.
Votre prospect ou client ne dispose tout simplement pas des
fonds pour acheter votre produit ou service. La remise à plus
tard est tout ce qui reporte une vente. Lorsque le client répond
«Je vais y penser» ou «Postez-moi le tout», il remet sa décision à
plus tard. Les objections portant sur le produit sont reliées au
produit ou au service lui-même. Un exemple dans le télémarketing de produits informatiques serait : «Pourquoi aurais-je

besoin d'un modem?» Si un client n'aime pas le télévendeur ou l'entreprise, peut-être en raison d'une expérience antérieure déplaisante, l'objection est d'ordre personnel.

Quel que soit le type d'objection soulevée par un prospect, vos télévendeurs doivent être prêts à toute éventualité. Préparez une série de cartes ou de pages où figurent des objections précises, de même que des réponses toutes faites. Chaque télévendeur doit les garder à portée de la main.

6. La demande directe. Pour un télévendeur, un des talents les plus difficiles à développer est la demande directe. Des études ont démontré que de 20 à 30 pour cent des ventes ne s'effectuent pas parce que le vendeur n'a pas fait sa demande. Le télévendeur doit conclure une vente lorsqu'il pressent que le client est prêt à acheter.

Il existe trois techniques pour conclure des ventes. La conclusion directe consiste à poser la question suivante : «Eh bien, Monsieur Tremblay, puis-je enregistrer votre commande maintenant?»

La conclusion hypothétique tient pour acquis que le client va acheter. Plutôt que de forcer M. Tremblay à prendre une décision importante, la conclusion met l'accent sur un détail mineur, d'ordre «administratif», par exemple : «Mardi vous conviendrait-il pour la livraison?»

La troisième technique est la solution de remplacement : «On vous livre le format pratique de 50 kg, ou deux paquets de 25 kg?» Là encore, le télévendeur tient pour acquis que la vente est conclue; la décision perd de son importance et quelle que soit la réponse, elle se traduit par une vente.

7. La conclusion. Cette dernière étape consiste à résumer toutes les ententes, à confirmer les détails et à s'assurer que tous les renseignements nécessaires ont été notés.

Bien entendu, la longueur et la complexité de cette approche à sept étapes varient selon divers facteurs : la nature du produit ou du service offert, la connaissance de l'entreprise qui offre le produit ou le service, l'expérience antérieure avec celle-ci, etc. En d'autres termes, il faut adapter les principes ci-dessus à vos besoins.

4.3 UNE OFFRE IRRÉSISTIBLE

Maintenant que la forme et la structure des scénarios ne renferment plus de secret pour vous, parlons du contenu : l'offre capitale.

LES OFFRES ET APPLICATIONS DU TÉLÉMARKETING D'ÉMISSION D'APPELS

Il est fort probable que vos clients éventuels sont des gens occupés qui risquent de réagir négativement à l'empiétement de leur temps. On sait à présent qu'en télémarketing d'émission d'appels destiné aux consommateurs, les télévendeurs disposent, au plus, de deux minutes pour annoncer leurs couleurs. S'ils ne réussissent pas à capter presque immédiatement l'attention des clients éventuels, ils perdent ces prospects. Le client prêtera une oreille sourde aux propos de votre représentant et attendra poliment le moment propice pour raccrocher — s'il fait preuve de politesse. Par conséquent, disposant de seulement 120 secondes tout au plus, vos télévendeurs doivent énoncer leur offre clairement et de façon convaincante. Le succès de tout le programme de télémarketing repose peut-être sur ces deux minutes.

Pour élaborer une offre adéquatement, vous devez évaluer votre produit ou service et trouver la meilleure façon de le présenter aux prospects. Vous devez cependant procéder prudemment. Il est erroné, par exemple, de supposer qu'un seul message suffira à tout dire à vos clients éventuels. Les besoins et désirs de vos clients *ne sont pas* identiques. La plupart des entreprises ont affaire à de nombreux clients dont les demandes diffèrent. Il est donc essentiel de se concentrer sur les différences entre vos marchés et de présenter une offre personnalisée à chacun.

Étant donné que les prospects doivent être gagnés aux avantages de votre produit ou service, il est préférable de s'attarder d'abord sur un avantage, soit l'avantage principal.

L'avantage principal est celui qui a le plus de chances d'influencer favorablement vos clients. Vos télévendeurs doivent en faire mention immédiatement. On a démontré qu'il était plus efficace de fixer son attention sur un seul avantage que d'énumérer une série d'avantages que vos clients sont incapables de retenir.

Le meilleur argument de vente de votre produit est-il son prix imbattable? Dans la partie du scénario qui porte sur le message publicitaire, expliquez l'importance du rabais et comparez le prix de votre produit à celui des concurrents. Le message publicitaire du scénario doit être court et facile à retenir :

«Mme Côté, notre logiciel de traitement de texte fait présentement l'objet d'une offre de lancement spéciale. Économisez 35 pour cent du prix régulier et profitez de ce rabais incroyable.»

Ensuite, assurez-vous que les télévendeurs énoncent votre message avec dynamisme et assurance.

Pour rendre votre offre irrésistible aux yeux de vos clients, vous devez la différencier de celles de vos concurrents. Pour les prospects, cette différence est loin d'être évidente. Voilà pourquoi votre offre constitue davantage qu'une invitation à acheter; il s'agit d'une occasion de renseigner des clients potentiels sur les avantages de faire affaire avec votre entreprise.

Theodore Levitt de la *Harvard Business School* a formulé des théories intéressantes sur la différenciation des produits[1]. Selon lui, il existe de nombreuses façons de considérer un produit.

---

[1] Theodore Levitt, "Marketing Success Through Differentiation", *Harvard Business Review* (Jan.-Feb.), p. 83-91.

Un produit générique est vendu sans aucune option. Il s'agit du seul produit ou service livré aux clients. (Selon toute apparence, il se peut qu'un concurrent vende exactement la même chose. Par exemple, dans le cas du matériel informatique, la plupart des distributeurs vendent une gamme complète de produits dont la fourchette de prix est plus ou moins identique.)

Un produit attendu répond aux attentes minimales des clients. Par exemple, vous vous attendez à ce que votre clavier d'ordinateur fonctionne sans problème majeur, ou, en ce qui a trait aux services, à ce que les entreprises de transport garantissent des livraisons au moment adéquat.

Un produit amélioré dépasse les attentes des clients. Si votre produit est amélioré de quelque façon que ce soit, vous possédez un avantage par rapport à un concurrent dont le produit ou le service est semblable au vôtre. Ce produit amélioré, ou cet avantage concurrentiel, doit être le fondement de votre offre. Il vous distingue des autres.

Bien entendu, Theodore Levitt tient pour acquis que vous avez ciblé le bon marché. Quelle que soit l'excellence de l'offre ou l'attrait des avantages, il est encore inutile de tenter de vendre des lunettes à des personnes dont la vue est parfaite.

En outre, même si votre produit générique peut convenir à plusieurs catégories de consommateurs, chacun peut se faire une idée différente du produit prévu. Inversement, votre produit générique peut varier d'un marché à l'autre. Une offre à une catégorie de consommateurs peut se fonder sur un produit qui diffère d'un autre produit offert à une autre catégorie. En conclusion, le produit amélioré que vous offrez à chaque secteur du marché doit refléter toutes ces différences. En d'autres termes, vous devez adapter votre offre à chacun.

Les offres secondaires. En général, votre offre doit se rapporter à un seul produit ou service à la fois. Si le nombre de choix ou d'options est trop élevé, le prospect devient indécis. Toutefois, il est avantageux d'avoir une offre en option ou de rechange. Il peut s'agir d'un autre produit ou service offert au prospect, si ce dernier refuse la première offre ou n'y trouve pas son compte. L'offre de rechange doit être de nature semblable à l'offre principale.

Supposons, par exemple, qu'un courtier en valeurs mobilières téléphone à un prospect au sujet de l'achat d'un REÉR. Le client explique qu'il a déjà versé le maximum de la cotisation permise. Le courtier peut avoir recours à une offre secondaire :

«Voilà une bonne décision, M. Masson. À propos, connaissez-vous notre portefeuille de placements en biens immobiliers? Il s'agit de placements fiables. De plus, l'intérêt de l'emprunt est déductible d'impôt et peut vous faire réaliser des économies importantes. Nous pouvons peut-être fixer un rendez-vous lundi?»

Notez la façon dont l'offre secondaire est reliée à la première : les deux constituent des investissements et sont déductibles d'impôt.

LES OFFRES ET APPLICATIONS DU TÉLÉMARKETING DE RÉCEPTION D'APPELS

Un grand nombre des principes qui se rapportent au télémarketing d'émission d'appels s'appliquent également aux programmes de télémarketing de réception d'appels. Toutefois, ces derniers peuvent profiter d'une offre alléchante présentée à l'aide d'une campagne de publicité directe, d'un programme de publipostage sous la forme d'un bon-réponse ou d'autres approches de marketing direct.

Comme on l'a vu, des appels de clients éventuels peuvent découler d'une campagne de publicité directe efficace qui comporte un facteur de temps, une prime ou un rabais. La campagne sert de prélude, ce qui facilite le travail de vente des télévendeurs.

L'illustration 7 présente un exemple de matériel de publicité directe utilisé par Hoover Canada Inc., de concert avec un programme de télémarketing d'émission d'appels d'entreprise à entreprise.

ILLUSTRATION 7 : Application de télémarketing de Hoover Canada Inc.

TELEMARKETING
Un appel profitable.

Voici le G-III! La nouvelle génération de systèmes d'aspiration centrale de Hoover, d'une puissance sans précédent!

Qu'est-ce qui creuse le fossé des générations entre les systèmes d'aspiration centrale? C'est le rendement! La nouvelle série G-IH de Hoover est tellement plus performante qu'elle va redéfinir les normes d'un bon aspirateur central.

Moteur plus puissant que jamais, pour une aspiration phénoménale.

La concurrence en aura le souffle coupé! (Voyez le tableau comparatif des performances). Tout cela sans câblage spécial!

Le système d'aspiration centrale le plus pratique de tous.

Une foule de caractéristiques conviviales rend les appareils de Hoover d'une efficacité et d'une commodité de nettoyage sans pareilles. Et **seul** Hoover offre l'agitateur Quadraflex **plus** l'avantage Power Grip.

Un filtre lavable qui se nettoie en quelques secondes.

Un simple rinçage sous le robinet et le voilà de nouveau prêt pour plusieurs semaines (voire plusieurs mois) de filtrage efficace.

Choix de 6 modèles

La vente des modèles de haut ou de bas de gamme n'a jamais été plus facile, puisque Hoover couvre les besoins de tous les acheteurs potentiels de systèmes d'aspiration centrale.

Regardez attentivement.

Voyez tous les avantages des Hoover G-III dans la fiche technique ci-jointe. Vous comprendrez facilement pourquoi le fossé entre les générations n'a jamais été plus grand.

Commandez aujourd'hui même au représentant du télémarketing Hoover.

APPELEZ SANS FRAIS DE PARTOUT AU PAYS

N'attendez pas. Appelez aujourd'hui même.

1-800-263-6376/7 pour le Québec et l'Ontario (sauf l'indicatif régional 807).

1-800-263-6252 pour l'Ontario (807), la Nouvelle-Écosse, le Nouveau-Brunswick et l'Île-du-Prince-Édouard.

1-800-263-6398 pour la Colombie-Britannique, l'Alberta, la Saskatchewan, le Manitoba et la région de Terre-Neuve.

Hoover Telemarketing
Hoover Canada Inc.
4151 North Service Road, Burlington, Ontario L7R 4A8

4.4   L'ESSAI ET L'ÉVALUATION

Comment savoir si votre programme de télémarketing se compare avantageusement aux autres? En testant le plus grand nombre de variables possibles. Les tests vous aident à déterminer quelle approche convient le mieux à votre marché, de sorte que votre programme ne s'écarte pas de la voie fixée. Idéalement, les tests doivent être un processus continu, et il faut mettre à l'essai fréquemment les nouvelles listes, les nouveaux scénarios et les nouvelles offres. Qui plus est, on doit répéter les tests systématiquement et évaluer les nouveaux résultats obtenus pour s'assurer que les éléments vérifiés sont toujours pertinents.

L'ESSAI DE LA LISTE

L'achat ou la location d'une liste est coûteux, surtout si vous découvrez que la liste ne convient pas et que vous devez tout recommencer. Le nombre de listes disponibles étant élevé, les responsables de télémarketing doivent tout mettre en oeuvre pour s'assurer qu'une liste produit exactement les résultats escomptés.

Tester une liste de télémarketing comporte plus ou moins les mêmes étapes que celles reliées à l'épreuve d'une liste de publipostage. En fait, le processus est identique, si vous utilisez une campagne de publipostage conjointement avec votre programme de télémarketing. Toutefois, les réponses *présentent* des différences, dont la principale réside dans le fait qu'en télémarketing, les télévendeurs parlent directement aux prospects. Le contrôle et l'uniformité d'un matériel de publipostage ne peuvent être reproduits dans le cadre d'un appel de télémarketing, étant donné que chaque téléphoniste peut réagir différemment, peu importe l'uniformité du scénario d'appel. Il faut tenir compte de ces facteurs lors de l'interprétation des résultats de tests.

On peut tester une liste de télémarketing de deux manières.

Test au moyen d'appels. Supposons que vous avez acheté une liste compilée en pensant que vos télévendeurs feront des appels impromptus sans l'appui d'une promotion par la poste. Vous testerez alors votre liste en demandant aux télévendeurs de vendre votre produit ou service à un certain nombre de clients choisis au hasard, dont le nom figure sur la liste. Bien entendu, il se peut que la mesure entraîne des frais. Ils peuvent toutefois vous épargner les coûts reliés à l'achat ou à la location d'une liste qui ne vous convient pas, si les tests s'avèrent non concluants. Par ailleurs, si la réponse *est* positive, vous pouvez soumettre la liste à un test plus approfondi.

À ce stade, on peut recourir aux probabilités pour établir un pourcentage des ventes probables à partir de la liste éprouvée.

Entre 50 et 100 heures d'appels suffisent pour déterminer le potentiel de la liste. Le nombre d'appels par heure variera selon la qualité de la liste, le but de l'appel, la durée de la présentation, la nature du produit ou du service et d'autres facteurs. Si l'on suppose qu'une équipe compte 10 télévendeurs, et que chacun effectue 15 appels impromptus par heure, une séance d'une heure testera donc 150 noms.

À la fin du premier test, vous déterminez votre niveau de confiance dans le taux de réponse à la faveur des tables de probabilités, lesquelles figurent habituellement dans des ouvrages sur le marketing direct. (Consultez la bibliographie. Un conseiller ou un service-bureau fiable aura également accès à ces données.) Si le taux est favorable, passez à 200 heures pour déterminer si le taux de réponse se maintient. Le cas échéant, vous pouvez poursuivre les tests, ou décider d'acheter ou de louer la liste en question.

Quels autres facteurs peut-on mesurer et évaluer? D'abord, essayez d'établir un rapport direct entre les résultats des tests et les objectifs de votre programme. Ensuite, consultez votre modèle d'investissement pour la prévision des ventes approximatives, c'est-à-dire le ratio entre le nombre d'appels et le nombre de ventes ou de prospects engendrés.

Votre liste «fonctionne» si elle est à la hauteur de vos prévisions. Mais si vous prévoyez un ratio de ventes de 20 pour cent, et que la liste n'en donne que 8 pour cent, vous devez isoler les caractéristiques de votre programme de télémarketing qui le rendent inefficace. La liste elle-même peut être déficiente, en totalité ou en partie. Par ailleurs, elle peut être tout désignée, mais vous avez été trop optimiste lors de votre évaluation des ventes. Si tel est le cas, il se peut que vous deviez effectuer un plus grand nombre d'appels pour obtenir les résultats prévus.

Parmi les autres facteurs à considérer, mentionnons le nombre de prospects trouvés, la qualité de ces prospects, le nombre de ventes et leur valeur. Par exemple, le nombre de prospects peut être inférieur au nombre prévu, mais la valeur des ventes supérieure. En évaluant de tels facteurs, vous pouvez déterminer la qualité de la liste du point de vue des ventes ou des prospects.

Vous pouvez également évaluer la qualité de la liste à la lumière des renseignements qu'elle contient. Les noms des personnes-ressources étaient-ils à jour? Les numéros de téléphone et adresses étaient-ils corrects? Combien de temps a été consacré aux corrections?

Tentez également d'évaluer le degré d'intérêt des personnes jointes par téléphone. L'intérêt soulevé par votre produit ou service était-il important? Les prospects avaient-ils besoin de plus de temps avant de prendre une décision? Quelle était la durée de chaque appel? En répondant à ces questions, vous serez plus confiant, lorsqu'il sera temps de décider d'acheter d'autres listes.

Test au moyen d'un programme de publipostage. La seconde méthode consiste à mener une campagne de publipostage plutôt qu'un test de télémarketing. Le premier mode constitue un excellent moyen de tester une liste, si la liste et le budget sont assez importants, et si vous pouvez y consacrer tout le temps nécessaire. Toutefois, un grand nombre d'entreprises de plus petite taille ne peuvent se permettre ce genre de processus. La solution consiste alors à tester un échantillon de votre liste à l'aide d'une campagne de publipostage. Si la réponse à la promotion est favorable, il y a de fortes chances qu'un appel connaisse un succès semblable. Toutefois, là encore il n'y a pas de garantie.

L'ESSAI DU SCÉNARIO

Le scénario est une autre variable que l'on doit tester soigneusement. Il est sage de faire l'essai de plus d'un scénario, afin de pouvoir établir des comparaisons.

La première étape consiste à rédiger un bref résumé du contenu du scénario. Évidemment, le texte doit se rapporter directement à l'offre et aux avantages qui en découlent. Étoffez ce canevas en y incluant des mots clés aptes à véhiculer le message. À ce stade, votre objectif premier est de développer l'idée principale.

À l'aide d'un magnétophone, enregistrez le scénario et écoutez-le afin d'évaluer le débit. Est-il rythmé ou mal conçu? Les pauses et les incertitudes sont-elles trop nombreuses? Demandez à votre personnel d'écouter les scénarios et de faire part de leurs commentaires, puis révisez les scénarios.

Ensuite, il faut procéder à des jeux de rôles pour que les membres de votre équipe de télémarketing puissent répéter les divers scénarios. Vos employés remarqueront probablement toute faiblesse dans la description du produit ou service.

Il se peut toutefois que vos employés manquent d'esprit critique. Il sera donc avisé de mettre vos scénarios à l'épreuve à l'extérieur de l'entreprise, notamment par un groupe de discussion.

En dernier lieu, les télévendeurs doivent commencer à téléphoner à des clients ou à des prospects. Assurez-vous que tous les appels sont effectués par des télévendeurs dont le taux de réussite est moyen. Les télévendeurs doués obtiennent du succès, même si le scénario est faible. Ne faites cependant pas appel à des débutants ou à ceux dont le rendement laisse à désirer, car les résultats pourront être faussés en raison de leur maladresse et de leur inexpérience.

Le nombre d'appels nécessaires pour mettre les scénarios à l'essai variera selon le marché, le produit, la qualité de la liste et d'autres facteurs. Toutefois, de 50 à 100 appels pour chaque scénario suffisent pour obtenir des résultats probants. Enregistrez ces appels. Lorsque vous révisez un appel, accordez une attention particulière aux réponses, aux pauses et aux objections des clients. Évaluez l'information recueillie. Le message était-il toujours clair et concis chaque fois qu'il était communiqué à un prospect? Un point en particulier jetait-il la même confusion dans l'esprit des répondants?

Le scénario prévoyait-il toutes les objections qui ont été formulées? En général, une centaine d'appels produit environ 90 pour cent de toutes les objections qui risquent d'être soulevées.

Bien entendu, gardez des rapports détaillés des résultats de ces tests. Ensuite, déterminez quel scénario obtient le taux de réussite le plus élevé. En vous appuyant sur ce scénario, apportez les corrections nécessaires et poursuivez les tests. Révisez et perfectionnez le scénario, puis éprouvez-le jusqu'à ce que les résultats vous satisfassent complètement.

Une dernière remarque. Même le meilleur scénario devient rebattu après un certain temps; il faut donc innover. Toutefois, utilisez toujours les techniques décrites ci-dessus pour évaluer un scénario révisé avant de l'adopter.

L'ESSAI DE L'OFFRE

Mettez votre offre à l'essai en tenant compte des objectifs de votre programme de télémarketing. Si vous visez à obtenir le plus grand nombre de demandes de renseignements, l'offre peut être aussi simple qu'une calculatrice ou une montre générique gratuite. Toutefois, si vous voulez cibler des prospects précis pour un nouveau logiciel, le test doit vous permettre de comparer les réponses à des offres différentes. Par exemple, les prospects s'intéressent-ils davantage à l'essai d'un produit de démonstration qu'à la possibilité de rencontrer un spécialiste qui les familiarisera avec l'utilisation du produit?

Le test d'une offre se présente de deux manières.

Division de la liste en deux. Si votre liste compte 1 000 prospects, offrez à une moitié un logiciel de démonstration et à l'autre, la visite d'un spécialiste. Comparez ensuite les taux de réponse pour déterminer quelle offre a suscité le plus grand intérêt.

Mise à l'essai d'un échantillon représentatif. Plutôt que de diviser la liste en deux, testez-en seulement une partie. Il s'agit d'un procédé moins coûteux (et peut-être moins précis), mais qui permet néanmoins de déterminer la meilleure offre.

La mesure des résultats entre deux ou plusieurs tests peut s'avérer complexe. Dans son ouvrage, *The Business-to-Business Direct Marketing Handbook*, Roy G. Ljungren[2] parle des raccourcis statistiques suivants utilisés par certains responsables de marketing direct. Voici son raisonnement. Si la différence numérique entre les réponses de deux offres est supérieure à la racine carrée du nombre total de réponses, la différence est statistiquement significative.

Ce procédé est plus simple qu'il ne le paraît. En utilisant l'exemple du logiciel, supposons que vous avez testé deux offres différentes auprès de 2 000 prospects et obtenu un taux de réponse de 3 pour cent. En d'autres termes, 121 personnes ont manifesté un certain intérêt envers votre produit. Supposons que parmi ces derniers, 52 clients auxquels vous avez offert le logiciel de démonstration ont répondu favorablement, tandis que 69 ont opté pour la visite d'un spécialiste. La différence est de 17, et ce nombre est supérieur à 11, la racine carrée de 121. Selon la formule, la visite d'un spécialiste constitue la meilleure offre. Si la différence avait été inférieure à 11, les deux offres auraient été également valides.

L'un des avantages supplémentaires d'un bon programme de télémarketing consiste en la possibilité immédiate — au moyen du téléphone — de tester continuellement la méthode utilisée dans le cadre de votre campagne. Ayez-y recours.

---

[2] Roy G. Ljungren, *The Business-to-Business Direct Marketing Handbook*, AMACOM (American Management Association), 1989.

5

5.1 LE TÉLÉMARKETING ET LES SERVICES FINANCIERS

Au Canada, aucun secteur n'a autant profité du télémarketing que le secteur financier, qui a même innové considérablement l'utilisation de ce mode de commercialisation. Pourquoi ce secteur conservateur a-t-il abandonné sa nature réservée? En raison de la déréglementation, un processus qui a débuté dans les années 80.

Avant la déréglementation, les institutions financières canadiennes n'étaient pas reconnues pour leur empressement auprès de la clientèle. La concurrence était faible, et il n'y avait pas lieu de déployer des efforts pour améliorer ce service. La situation a changé et les concurrents, quoique peu nombreux, jouent des coudes et offrent maintenant de nouveaux services et produits.

C'est ici que le télémarketing entre dans le décor; il permet d'offrir des services allant du simple traitement des commandes à la vente directe, à des clients partout au pays. Les institutions financières l'ont adopté de plein pied, en raison de sa grande efficacité.

Évidemment, les institutions financières jouissaient d'un avantage lorsqu'elles ont présenté des programmes de télémarketing à leur clientèle. Les Canadiens respectent les banques, sociétés de fiducie et compagnies d'assurance du pays, et leur font confiance. Lorsque ces entreprises ont adopté le télémarketing, la clientèle n'a opposé qu'une faible résistance au nouvel outil utilisé — le téléphone. Les gens écoutent, lorsque l'appel provient d'une institution financière. Mais il semble que la réussite du télémarketing au sein de cette industrie s'explique principalement par le fait que chaque entreprise a procédé selon les règles lors de la planification et de la mise sur pied de son centre de télémarketing. Ces institutions disposaient des ressources nécessaires, mais leur engagement s'appuyait également sur la nécessité de changer pour se maintenir en tête de peloton.

Nous allons maintenant étudier le cas de certaines de ces institutions et voir comment elles ont intégré le télémarketing au mix marketing.

LE TÉLÉMARKETING DE RÉCEPTION D'APPELS

De nombreuses institutions financières utilisent des numéros 800 pour le *traitement des commandes*, afin que les clients puissent téléphoner, passer des commandes et obtenir des renseignements sans frais. La Banque Royale, par exemple, utilise un numéro 800 durant la saison des REÉR. On donne l'exemple d'une cliente se trouvant à bord d'un brise-glace quelque part dans le cercle Arctique. Il paraissait évident que le bateau était immobilisé et ne pourrait reprendre sa route avant le 1er mars, la date limite pour cotiser à un REÉR. Toutefois, elle savait qu'elle pouvait procéder à la transaction par téléphone. Elle se servit d'un téléphone navire-terre, et son appel fut transmis au moyen de la ligne 800 de la banque, et cette dernière a eu suffisamment de temps pour réaliser cette transaction.

La morale de l'histoire? Si les clients ne peuvent joindre l'institution financière de leur choix, l'institution ferait mieux de les joindre avant qu'une concurrente ne le fasse à sa place.

En outre, des centaines de petits centres partout au Canada ne comptent qu'une ou deux institutions financières. Traditionnellement, les consommateurs devaient faire affaire avec la seule entreprise en ville, ou se déplacer pour en choisir une autre. Le télémarketing offre un choix aux clients, quel que soit leur éloignement des centres urbains. L'institution financière n'a qu'à installer une ligne 800, et le personnel peut

ensuite traiter sur place les demandes de renseignements qui
proviennent des quatre coins du pays.

L'EXEMPLE DE LA BANQUE ROYALE

Lorsque la Banque Royale iança sa campagne de promotion
d'hypothèques préapprouvées, elle eut recours au télémarketing comme principale méthode pour attirer de
nouveaux clients. Magasiner une hypothèque prend du
temps et peut être une source de frustration. Mais la Banque
Royale a offert un service d'hypothèque direct qui accélera
le processus de demande (et d'acceptation). Certains clients
ont même obtenu une autorisation en moins d'une heure.

Un client, qui regardait une partie des Expos, utilisa un
numéro 800 pour se renseigner sur les conditions de modification de son hypothèque. Il fournit l'information au
représentant de la Banque Royale et, avant la fin de la
neuvième manche, tout était réglé. Le client fut tellement
impressionné qu'il décida de confier son compte personnel à
la Banque Royale.

Étant donné que le temps et la commodité importent aux
yeux des clients, les services téléphoniques comme ceux
offerts par la Banque Royale permettent d'attirer de la
clientèle.

L'EXEMPLE DE LA CIBC

En janvier 1987, la Banque Canadienne Impériale de
Commerce créa *Contact*, un service téléphonique national de
service à la clientèle conçu pour traiter les demandes de
renseignements des clients et du personnel. En 1989, la CIBC
présenta *Réponses sans détour*, un service téléphonique
national destiné à traiter les plaintes. La même année, elle
conçut *CIBC Prêts par téléphone*, un service de crédit pour
l'approbation ou la pré-autorisation de prêts automobile en
quatre heures.

La commodité et la rapidité du service assurent la fidélité
de la clientèle. En outre, à la lumière des quelque 26 000 appels
par mois, il est facile d'imaginer que la base de clients de la
banque augmente sans cesse.

Contact dessert également une autre clientèle : le personnel de la banque. En effet, les employés des succursales partout au Canada effectuent environ 18 pour cent des appels mensuels reçus par *Contact*. Un grand nombre d'entre eux ont besoin de renseignements sur les nouveaux produits et services offerts par la CIBC. Le représentant d'une succursale peut appeler *Contact* après qu'un client a demandé des renseignements sur un fonds de placement garanti. Un simple appel à *Contact* permet à l'employé de connaître tous les détails et de communiquer les renseignements au client.

L'EXEMPLE DE FIRST CITY TRUST

En Nouvelle-Écosse, la First City Trust est une autre institution financière qui est à l'écoute des nombreux besoins de ses clients. Elle a mis en place un programme de télémarketing *d'aide à la vente*, qui comprenait l'installation de deux lignes 800 : l'une destinée aux appels et l'autre, au télécopieur. First City désirait améliorer le service offert à son vaste réseau de courtiers aux quatre coins de la province. Le programme permet à ces derniers de faire parvenir les demandes de prêt par télécopieur et, si nécessaire, d'assurer un suivi en téléphonant pour discuter de la demande. Si la demande est acceptée, First City fait parvenir l'autorisation à ses courtiers par télécopieur.

LE TÉLÉMARKETING D'ÉMISSION D'APPELS

L'EXEMPLE DE CANADA TRUST

À London (Ontario), la Canada Trust a mis en place un excellent programme de recherche de prospects au sein de sa division des services aux commerçants. Le programme vise à augmenter le nombre de commerçants qui acceptent la carte MasterCard de Canada Trust et qui ont recours à ses services. Pour atteindre cet objectif, une équipe de télévendeurs en télémarketing d'émission d'appels effectuent des appels à la recherche de prospects pour le compte des représentants des ventes, appelés «agents de promotion commerciale». Il s'agit d'un programme à court terme mené généralement l'été par des employés temporaires en provenance de l'Université de Western Ontario.

Après une période de formation intensive, les télévendeurs commencent leurs appels en se servant des listes éprouvées de l'entreprise. Ils effectuent quelque 60 à 65 appels par jour auprès des commerçants, et chaque appel dure trois ou quatre minutes. Le personnel peut soutenir ce rythme, étant donné que la campagne est à court terme et que les primes sont intéressantes.

Les résultats sont impressionnants. Environ un appel sur cinq se traduit par l'obtention d'un prospect, dont le nom est ensuite transmis à un agent de promotion commerciale. À leur tour, les agents concluent des ventes auprès de 50 à 60 pour cent de ces prospects.

L'EXEMPLE DES ASSURANCES GÉNÉRALES DES CAISSES DESJARDINS

L'application la plus exigeante du télémarketing est sans doute la *vente directe*. Elle exige de l'habileté, une bonne formation et beaucoup de persévérance. Une entreprise financière qui a particulièrement bien réussi dans la vente directe est Assurances Générales des Caisses Desjardins Inc., à Lévis. Au total, 85 télévendeurs des Assurances Générales ont formé deux équipes pour effectuer et recevoir des appels dans le but de vendre de l'assurance automobile et résidentielle.

Du point de vue du télémarketing d'émission d'appels, la stratégie d'Assurances Générales est à double volet. Le premier élément, la recherche de prospects, se présente comme suit. À l'aide de listes, chaque télévendeur effectue des appels impromptus aux prospects afin de connaître la date d'échéance de leur assurance. L'objectif est de deux nouveaux prospects par jour. Dans des conditions idéales, cela signifie que les quatre-vingt-cinq télévendeurs de l'entreprise recrutent 170 prospects par jour.

Le deuxième volet de la stratégie implique une base de données. La date de renouvellement des polices des prospects est entrée en mémoire et, environ deux mois avant cette date, le nom du prospect apparaît au terminal. Les télévendeurs entrent en communication avec les prospects, leur proposent un prix par téléphone et tentent de conclure le renouvellement du contrat.

Assurances Générales est un excellent exemple d'une entreprise qui utilise le télémarketing de façon originale. Son service de télémarketing est bien supervisé et a recours à des procédures de suivi rigoureuses. Cette approche systématique aide l'entreprise à atteindre et à dépasser régulièrement les objectifs de ventes.

L'EXEMPLE DU CENTRE FINANCIER HOUSEHOLD CANADA (HFC)

Le recouvrement des comptes en souffrance est une des applications de télémarketing que l'on oublie souvent. Toutefois, cette application pour la gestion de l'encaisse est beaucoup plus efficace que l'envoi d'avis de recouvrement par le courrier. En effet, la poste ne garantit pas qu'une facture ou un avis de retard a été reçu et lu, ni qu'il est parvenu au destinataire en question. Par contre, le téléphone exige une réponse.

Pour que le télémarketing de recouvrement puisse donner les résultats escomptés, il doit être mené de façon logique et systématique. La clé réside dans l'efficacité du suivi. À Montréal, HFC a élaboré un des systèmes de suivi les plus efficaces du secteur financier, et sa réussite repose sur l'utilisation des composeurs prédictifs.

On sait que les composeurs prédictifs sont des appareils automatisés qui réunissent les fonctions de gestion de listes, de composition, de répartition d'appels émis, de saisie de données et de mise à jour de fichiers. À l'aide d'un seul composeur prédictif, HFC peut téléphoner à 1 400 clients ou plus, en moyenne chaque jour.

À l'instar de nombreuses entreprises, HFC s'est aperçu que la plupart des comptes en souffrance résultaient d'un oubli : les clients n'ont pas reçu le relevé de comptes, ou l'ont égaré, et certains ont tout simplement oublié de payer. Habituellement, un ou deux appels au client se concluent par un paiement. Il suffit de téléphoner au début du retard, avant que le compte ne devienne trop «vieux», puis de persévérer, jusqu'à ce que la facture soit réglée. C'est à ce moment que les composeurs prédictifs prennent la relève.

Les experts d'assurance de HFC n'ont plus besoin de consulter les dossiers, ni de composer ou d'attendre une réponse. Ces tâches sont accomplies par le composeur prédictif, qui compose des numéros automatiquement, jusqu'à ce que la communication soit établie, avise les experts qu'un appel a été effectué et affiche les données pertinentes à l'écran.

En général, un seul appel sur quatre se traduit par une communication. Si les experts devaient accomplir la même tâche manuellement, chaque appel leur ferait perdre deux minutes en planification d'appel, en attente, en programmation et ainsi de suite. Grâce au dispositif, les télévendeurs gagnent six minutes par appel effectué. Environ 75 pour cent des personnes jointes règlent leur compte par suite du premier appel. Chose incroyable, l'utilisation des composeurs prédictifs a augmenté le rendement de HFC aux fins de recouvrement de plus de 200 pour cent.

LES FACTEURS DE RÉUSSITE

Ces institutions financières ont réussi en télémarketing parce qu'elles ont consacré du temps à la mise en place de leurs programmes.

Dans chaque cas, la planification fut intensive. Canada Trust, par exemple, a soigneusement coordonné son programme de carte de crédit à l'intention des commerçants en faisant appel, lors de la planification, aux divers chefs de service touchés par le programme, et en tenant compte de la réaction anticipée. En outre, on expliqua aux agents de promotion commerciale les objectifs, méthodes et avantages du programme. L'entreprise a ainsi gagné leur adhésion au programme ce qui, à la fin, a contribué au succès du télémarketing.

Bien entendu, il s'agit d'entreprises de pointe qui emploient des spécialistes en télémarketing. Ces télévendeurs travaillent dans un milieu spacieux, confortable et fonctionnel, disposent des bons outils pour accomplir leur travail, notamment des casques d'écoute et des ordinateurs. Chez HFC, les composeurs prédictifs servent non seulement à augmenter le rendement, mais aussi à réduire la monotonie associée aux compositions répétitives.

Les entreprises examinent attentivement leurs programmes de télémarketing et font régulièrement des rapports de productivité, de rendement et de rentabilité.

Bien que *Contact* de la CIBC soit considéré comme un centre de coûts, il mesure également le temps et l'argent qu'il fait épargner à l'entreprise en répondant aux questions des succursales. Canada Trust suit chaque prospect à l'échelle de son système, tandis que HFC sait quels experts obtiennent les meilleurs résultats sur le plan du recouvrement des créances. Ce genre d'information aide les entreprises à modifier leurs tactiques et à s'adapter aux conditions changeantes.

Toutefois, aucun facteur n'a autant contribué au succès des programmes mentionnés précédemment que le personnel. Les clients interrogés au sujet de ces programmes de télémarketing ont surtout apprécié l'aspect personnalisé des rapports. Voilà pourquoi ces entreprises accordent le plus grand soin à l'embauche et à la formation de leurs télévendeurs. Par exemple, avant que les télévendeurs d'Assurances Générales des Caisses Desjardins ne se mettent à l'oeuvre, ils reçoivent une formation d'un mois, afin de mieux connaître les produits et de perfectionner leur technique.

Chaque entreprise offre également une excellente rémunération assortie de primes, selon la nature du travail.

Enfin, la plupart de ces entreprises définissent des cheminements de carrière précis. Elles n'embauchent pas des télévendeurs, mais de futurs directeurs de succursale, chargés de prêts, agents au service à la clientèle, etc. On encourage les télévendeurs à considérer leur premier emploi comme le début d'une longue carrière au sein de l'entreprise.

Le secteur financier s'est mis à l'heure de la concurrence. Pour attirer et conserver ses clients, il a adopté des stratégies et des tactiques innovatrices, notamment le télémarketing. À ce titre, le secteur fait figure de proue.

5.2 LE TÉLÉMARKETING À L'ÉCHELLE INTERNATIONALE

La globalisation de l'économie entraînera des changements importants dans le monde des affaires au cours des prochaines années. Au Canada, l'accord de libre-échange avec les États-Unis a déjà eu un effet considérable. En 1992, l'Europe unie constituera le marché de consommation le plus vaste au monde. Même les pays du Pacifique se mettent de la partie et créent des liens économiques. Le perfectionnement technologique, notamment dans le domaine de la téléphonie, peut expliquer en grande partie la globalisation de l'économie. Les réseaux de communications et les systèmes de commutation rendent les marchés internationaux plus accessibles, à des coûts raisonnables.

On peut difficilement saisir toute l'ampleur de ces changements. Toutefois, il ne fait aucun doute qu'ils transformeront la façon dont les Canadiens mènent leurs affaires, et que le télémarketing jouera un rôle prépondérant.

LE TÉLÉMARKETING ET LE LIBRE-ÉCHANGE

Les États-Unis constituent le partenaire commercial le plus important du Canada, et vice versa. Chaque année, des produits et services d'une valeur de près de 200 milliards de dollars (US) sont échangés le long de la frontière de 8 800 kilomètres. Le Canada achète environ 20 pour cent de toutes les exportations des États-Unis, et les États-Unis, 80 pour cent de celles du Canada. Avec ou sans libre-échange, l'avenir économique du Canada est inextricablement lié à celui des États-Unis.

On s'interroge encore sur les bienfaits du libre-échange pour les entreprises canadiennes. Quoiqu'on en pense, il s'agit sans doute d'une mesure permanente. Il faut plutôt vous demander quelle sera l'*ampleur* des effets de l'accord sur les entreprises canadiennes au cours des dix prochaines années, et comment y faire face. Ces dernières seront peut-être obligées d'élaborer des stratégies innovatrices afin de concurrencer les

Américains. Le télémarketing constitue l'une des façons d'amoindrir les effets de la concurrence américaine et de percer le vaste marché des États-Unis.

L'EXEMPLE DU WEST EDMONTON MALL (WEM)

Selon le *Livre des records Guinness,* West Edmonton Mall est le plus grand centre commercial du monde. Il réunit, sous un seul toit, au moins 800 magasins ou services, 19 salles de cinéma, 110 restaurants et 5 parcs d'attractions. Sa superficie est égale à huit pâtés de maisons sur trois.

En raison d'un coût total de construction atteignant 1,1 milliard de dollars, les promoteurs s'aperçurent que seul un vaste marché pouvait soutenir les ventes du centre. Ils décidèrent donc de présenter le centre comme une attraction touristique, afin d'attirer la clientèle.

En 1982-83, le WEM a utilisé le télémarketing pour mener une étude de marché aux États-Unis, afin de savoir si les agents de voyage seraient intéressés à envoyer leurs clients au centre. Les résultats furent extrêmement encourageants.

En conséquence, le centre installa une ligne 800 pour desservir le Canada et les États-Unis, afin de traiter les demandes de renseignements et les commandes. Le centre assure la promotion du numéro dans des brochures, dans le cadre de foires commerciales, grâce au bouche à oreille, etc. Le résultat? Le WEM reçoit plus de 10 000 appels par année, dont plus de la moitié proviennent des États-Unis. La direction du centre estime qu'environ trois millions d'Américains ont visité le centre en 1989, et que chacun y a dépensé en moyenne 227 $ par jour. Et cette affluence s'est traduite par des bénéfices importants pour de nombreux détaillants d'Edmonton.

L'EXEMPLE DE L'ONTARIO TRAVEL

Avant 1979, Ontario Travel, une division du ministère du Tourisme de l'Ontario, n'avait recours qu'à la publicité directe pour répondre aux demandes de renseignements des Américains au sujet du tourisme dans la province. Toutefois, le volume incroyable des demandes de renseignements écrites — 67 000 par année — entraînait parfois des retards importants.

Ontario Travel décida de mettre en place un service 800 pour diminuer les écritures et améliorer les rapports avec la clientèle. Son centre de télémarketing de réception d'appels fut d'abord modeste et ne comportait que deux lignes. On ajouta d'autres lignes au fil des années et à l'heure actuelle, plus de 25 agents de l'Ontario Travel traitent environ 2 500 appels par jour. Les demandes de renseignements par écrit, qui sont deux fois moins nombreuses qu'avant l'installation du centre, peuvent être gérées plus facilement.

D'autres entreprises canadiennes utilisent des lignes 800 pour offrir leurs produits aux États-Unis. Reybec Computer Services, une petite entreprise en pleine croissance de Delhi (Ontario), conçoit et distribue des logiciels. Au dire de John Reynaert, président de Reybec, le marché américain des logiciels est immense, et il faut l'exploiter activement; toutefois, la concurrence est féroce. Ouvrir boutique aux États-Unis semblait trop hasardeux pour l'entreprise, qui opta plutôt pour l'installation d'un numéro 800. Elle diffusa le numéro dans des journaux professionnels du domaine industriel et au moyen de campagnes de publicité directe. Le chiffre d'affaires aux États-Unis a connu une croissance fulgurante.

L'EXEMPLE DE DARCOR CASTORS

Darcor Castors fabrique et distribue des roulettes pour chaises, lits et autres meubles. Les télévendeurs de Darcor accomplissent de nombreuses tâches qui vont de l'étude de marché à la recherche de prospects et au service à la clientèle.

Son programme de télémarketing est unique, en ce sens que le personnel de soutien canadien assure la recherche des prospects pour ses distributeurs américains. Par le fait même, Darcor crée ses propres commandes.

À la fin de 1989, Darcor s'est livrée à une campagne-éclair de télémarketing à Greenville (Caroline du Nord), en commençant par une étude de marché intensive menée dans cette région, afin de repérer les créneaux de marché non encore exploités par le distributeur de l'endroit. Les télévendeurs de Darcor dénombrèrent 247 industries allant des entreprises de manutention à celles du textile, susceptibles d'utiliser des roulettes d'un type particulier.

Ensuite, les représentants des ventes régionales de Darcor tinrent un séminaire avec le distributeur de Greenville, afin de présenter les résultats. Le séminaire traitait de formation sur les produits et démontrait comment les industries relevées dans l'étude de marché pourraient utiliser les roulettes. Le représentant aborda également la façon dont le personnel d'aide à la vente en télémarketing mènerait son programme de recherche de prospects.

Le groupe d'aide à la vente, situé à Etobicoke, entreprit une campagne de publipostage auprès des 247 industries de la région de Greenville. Puis les appels de suivi commencèrent. Les télévendeurs se présentaient comme des représentants de Darcor qui appelaient pour le compte du distributeur de Greenville. Ils fixaient des rendez-vous en se servant de cartes de la région pour allouer suffisamment de temps aux déplacements.

Les télévendeurs parlèrent à 117 décideurs au total et fixèrent 43 rendez-vous, trois de plus que le nombre prévu. Par la suite, les représentants de Greenville conclurent un nombre impressionnant de ventes.

Darcor dispose également d'un service-bureau à la clientèle. Les distributeurs peuvent utiliser une ligne 800 pour passer leurs commandes, demander des renseignements, exprimer leurs intérêts ou porter plainte. Le service est également employé comme suit : un représentant des ventes du centre des États-Unis peut téléphoner à un télévendeur et lui expliquer qu'il sera à Détroit dans un mois. Les télévendeurs peuvent alors mener une étude de marché du même type que celle qui s'est avérée un succès à Greenville, et améliorer ainsi le temps de vente productif de ce représentant à Détroit. Voilà une façon de concurrencer les Américains!

Il existe d'autres moyens d'utiliser le télémarketing pour s'attaquer aux marchés américains. Par exemple, une entreprise d'électronique canadienne a commencé à effectuer des appels impromptus dans une région donnée des États-Unis et poursuivi son programme de télémarketing en téléphonant régulièrement aux clients. Après avoir atteint un seuil de rentabilité suffisant, elle ouvrira un bureau dans cette région, appuyé par le personnel des ventes et un centre local de télémarketing.

Il ne fait aucun doute que les Américains utiliseront les mêmes tactiques pour commercialiser leurs produits au Canada. Heureusement, il n'est pas sûr que les entreprises et les consommateurs canadiens répondent favorablement au caractère provocant de la vente et du marketing américains. Les Américains ne tarderont toutefois pas à ajuster leur tir. Par exemple, une importante compagnie aérienne des États-Unis a ouvert un bureau au Canada, afin d'encourager les Canadiens à emprunter les transporteurs aériens américains. La stratégie consiste à employer des agents de réservations qui comprennent les attitudes des Canadiens, mais qui mettent en application les techniques audacieuses du télémarketing américain pour aplanir les objections et conclure des ventes.

Au cours des premiers mois du libre-échange, le département du commerce des États-Unis a reçu plus de 7 000 demandes de renseignements sur l'accord, la plupart provenant de petits entrepreneurs. En fait, pendant cette période, 200 entreprises américaines versèrent jusqu'à 25 000 $ pour demander qu'on accélère la réduction des tarifs. Les Américains se tournent lentement vers le marché canadien, car les tarifs, quotas et autres barrières commencent à tomber.

Les Américains *vont* utiliser le télémarketing pour faciliter leur entrée au Canada. On peut affirmer sans se tromper que les États-Unis devancent le Canada de trois à cinq années dans le domaine. Les ventes téléphoniques sont partie intégrante des stratégies de télémarketing aux États-Unis. Si une entreprise canadienne n'utilise pas actuellement une forme quelconque de télémarketing pour vendre ses produits ou services à ses clients, ceux-ci risquent de s'adresser à une entreprise américaine.

Le libre-échange aidera sans aucun doute tant les Américains que les Canadiens dans la mise sur pied de stratégies de service à la clientèle. Toutefois, aux yeux des Américains (davantage qu'à ceux des Canadiens), trouver un nouveau client ne constitue qu'une étape du processus de vente. Il est crucial de s'assurer de la fidélité de ce client. Les entreprises canadiennes doivent mettre les bouchées doubles dans ce domaine, car leurs consœurs américaines offrent déjà tout un éventail de services à la clientèle comme des lignes sans frais, les appels de suivi — voire même l'envoi de cartes de remerciement.

(Il est bon de noter que le Canada possède des délégations commerciales dans 28 villes américaines. Bien que les bureaux ne puissent mener des études de marché approfondies, ils peuvent conseiller les entreprises canadiennes sur la nature des marchés locaux. Plusieurs programmes fédéraux aident également les entreprises à explorer le marché de l'exportation, notamment Info Export et un service offert par Affaires extérieures et Commerce extérieur Canada (1-800-267-8376); NEEF (Nouveaux exportateurs aux États frontaliers), un programme à l'intention des nouveaux exportateurs qui ont besoin d'aide lors du lancement de nouvelles activités; et NEXUS (Nouveaux exportateurs vers les États américains du Sud), un programme destiné aux exportateurs d'expérience qui veulent percer de nouveaux marchés.)

Au cours des dix prochaines années, de nouveaux joueurs se joindront à la partie, et leurs techniques et stratégies innovatrices viseront à s'approprier une partie du marché. Le temps est venu de voir comment le télémarketing peut vous aider à construire et à conserver une base de clients importante au Canada et aux États-Unis.

LE TÉLÉMARKETING À L'ÉTRANGER

En raison de la globalisation des marchés, les entreprises canadiennes ont de nombreuses occasions de percer de nouveaux marchés étrangers. Environ 25 pour cent des demandes de renseignements sur le West Edmonton Mall, par exemple, proviennent de l'étranger, notamment du Japon, du Royaume-Uni, de l'Allemagne et de l'Australie.

Grâce à un numéro 800 utilisé dans le cadre du télémarketing de réception d'appels, on peut joindre ces nouveaux marchés. Un service 800 est déjà offert en Angleterre, en Allemagne, en France, à Hong Kong, en Italie, au Japon, en

Australie, aux Pays-Bas, aux Bermudes et à la Barbade. Ces services permettent aux détaillants canadiens et aux centres de commercialisation par correspondance d'étendre leurs activités.

À Vancouver, une entreprise de produits forestiers a installé récemment une ligne 800 internationale destinée à ses clients d'Australie. Elle offre également un service 800 au Royaume-Uni, et envisage de l'étendre à d'autres régions. L'entreprise constate que les clients apprécient grandement le service gratuit, et que ce dernier la distingue de ses concurrents.

En Europe, le télémarketing est relativement récent, mais la popularité du service 800, notamment, est grandissante. Rappelez-vous que le marché européen comprend plus de 330 millions de consommateurs. Les entreprises canadiennes peuvent utiliser une ligne 800 pour y éprouver une campagne de télémarketing de réception d'appels, afin de délimiter clairement les créneaux éventuels et d'en savoir davantage sur la démographie et les besoins de la clientèle.

Les études ont également démontré que les biens achetés au moyen d'une ligne 800 tendent à être de valeur supérieure. Harrods, le prestigieux grand magasin de Londres (Angleterre) a annoncé des articles de porcelaine et des tricots en cachemire dans le *New York Times*; les résultats furent étonnants, surtout si l'on considère le coût de ces produits.

Les entreprises canadiennes peuvent également ajouter des lignes 800 pour soutenir les représentants des ventes et les distributeurs; les télévendeurs recherchent d'abord des prospects depuis le Canada, puis transmettent les noms de ces derniers au personnel des ventes à l'étranger. Le télémarketing international d'émission d'appels présente toutefois plusieurs défis et il lui reste encore à aplanir les décalages horaires de même que les différences de langue et de culture. Les Japonais et les autres Asiatiques, par exemple, ont une conception bien ancrée de la politesse, qu'ils valorisent au plus haut point. Or, le télémarketing d'émission d'appels est provocant par nature. Il s'agit là d'obstacles qui pourront être surmontés à la longue, grâce à une formation intensive et à une approche innovatrice. Il faut également tenir compte des barrières juridiques. En Allemagne, par exemple, les appels impromptus placés dans le but de vendre sont interdits, et les appels de sollicitation ne peuvent être effectués qu'auprès de clients actuels.

L'EXEMPLE DE GEORGIA PACIFIC SECURITIES

La Georgia Pacific Securities Corporation de Vancouver ne se laisse pas intimider par les barrières inhérentes au télémarketing international. Elle s'est rendu compte que les investisseurs au Royaume-Uni s'intéressaient aux industries à risque et à rendement élevés qui semblent caractériser la bourse de Vancouver. En conséquence, Trevor Critchley, directeur international, débute son travail à 2 heures du matin, pour effectuer des appels de télémarketing à des clients étrangers actuels et éventuels. Il conclut des ventes, sert les clients et les prospects, tout en abolissant temps et distance d'un simple coup de téléphone. Il effectue et reçoit de 200 à 250 appels par semaine. Le télémarketing constitue sa ligne directe des profits.

La planète forme maintenant un grand marché unique riche en occasions de toutes sortes. Le télémarketing devient rapidement un moyen reconnu de mener des affaires dans de nombreux pays. Moyennant un coût minime, un programme de télémarketing bien conçu et soigneusement mis en place peut élargir vos marchés et accroître vos revenus. En outre, les nouvelles technologies de l'industrie des télécommunications rendent ces marchés non seulement plus accessibles, mais également plus abordables.

5.3 LE TÉLÉMARKETING DES CAMPAGNES DE FINANCEMENT ET DE RECRUTEMENT

Les dons se font rares de nos jours. Les consommateurs doivent d'abord régler les coûts croissants des premières nécessités — nourriture, vêtements et loyer — avant même de songer à utiliser leur revenu disponible.

Et la concurrence est vive pour ce revenu disponible. Les gens travaillent fort : qui peut les blâmer de vouloir se procurer magnétoscope et nouvelle voiture ou effectuer un voyage en Europe?

Toutefois, un nombre grandissant de projets et de causes légitimes requièrent plus que jamais l'aide financière du public. Les fonds gouvernementaux n'ont jamais été si épars, et les entreprises diminuent également leurs dons aux groupes dans le besoin. En d'autres termes, le climat n'est pas propice aux campagnes de financement. Heureusement, certains groupes ont découvert les bienfaits du télémarketing.

Les campagnes de financement menées à l'aide du télémarketing consistent à utiliser systématiquement et professionnellement le téléphone pour solliciter des dons. On a prouvé qu'il s'agissait là d'une façon extrêmement efficace de convaincre les gens de contribuer à une bonne cause. Arthur Doyle, directeur de l'Association des anciens de l'Université du Nouveau-Brunswick, parle avec enthousiasme du programme de financement qui a débuté en 1987.

«Je suis gagné au télémarketing, affirme-t-il. Je ne peux imaginer une campagne de financement menée autrement. Notre choix est arrêté, et j'ai l'impression que la plupart des universités canadiennes y auront également recours.»

L'enthousiasme de Doyle est fondé sur le fait que l'Université du Nouveau-Brunswick a recueilli 2,5 millions de dollars lors de sa campagne de télémarketing menée en 1987. L'année précédente, avant l'utilisation du télémarketing, l'université n'avait amassé que 300 000 $.

En fin de compte, institutions sans but lucratif, partis politiques, hôpitaux et tout organisme professionnel qui font régulièrement appel au public pour recueillir des fonds devraient envisager sérieusement l'utilisation du télémarketing.

Grâce au télémarketing, votre organisme possède une longueur d'avance, et ce, pour quatre raisons. D'abord, il améliore les résultats finals. Il se peut que vous ayez eu auparavant recours à la poste pour lancer votre campagne de financement. Les taux de réponse à ce mode de sollicitation se situent entre 2 et 15 pour cent, selon la liste de noms utilisée, le nombre d'envois et le calendrier de la campagne. Comparativement, les contributions qui résultent d'une campagne de télémarketing atteignent 35 pour cent. L'Université du Nouveau-Brunswick, par exemple, obtenait habituellement un taux de réponse de 10 pour cent au cours de ses campagnes de publipostage. Grâce au télémarketing, ce taux atteignit 40 pour cent, soit 7 pour cent de plus que le taux prévu par les organisateurs.

Les campagnes de financement menées au moyen du télémarketing sont fructueuses et efficaces. Une personne utilisant un téléphone pendant une heure peut obtenir les résultats suivants :

Numéros composés	30
Appels complétés	15
Contributions assurées	6
Contributions possibles	4
Réponses négatives	4
Ont déjà contribué	1

Le télémarketing permet une rétroaction immédiate. Le téléphone est le seul média qui accorde ce type de rapports personnels. Les donateurs ont l'impression de prendre part à la campagne et de collaborer à l'institution à laquelle ils offrent leur don. Ils aiment faire part de leur opinion sur les politiques et les programmes, et nombreux sont ceux qui veulent suggérer des modes d'application de leur don. Ils n'en ont pas l'occasion lors d'une campagne de publicité écrite, radiodiffusée ou télévisée. Mais ils *peuvent* s'exprimer aux télévendeurs.

Le corollaire, bien entendu, est que les télévendeurs peuvent utiliser leur talent pour persuader et rallier les donateurs éventuels qui ont des réserves à l'égard d'une campagne ou d'une cause donnée.

Le télémarketing aide les institutions à conserver leur base de donateurs. Les campagnes de financement traditionnelles perdent 20 pour cent de leur base de donateurs chaque année. Les programmes téléphoniques peuvent aider les institutions à conserver environ le tiers des donateurs qui interrompent leur soutien.

Toutefois, si vous décidez d'avoir recours au télémarketing dans le cadre d'une campagne de financement, il faut considérer un certain nombre d'aspects.

LES ENJEUX

Les ressources financières. La plupart des campagnes de financement allouent un budget à la promotion et à l'administration, et un programme de télémarketing absorbera une part considérable de ces fonds. Si vous avez recours à une telle campagne, vous aurez probablement besoin d'un nombre additionnel de téléphones, d'espace, de personnel ainsi que d'un budget pour les appels interurbains.

Les ressources humaines. Vous avez besoin de gens pour mener et superviser le programme de télémarketing. Le personnel actuel peut-il être formé à cette fin, dans les limites de temps prévues par la campagne?

Le type de campagne de télémarketing. Vous pouvez opter pour une campagne de télémarketing de réception ou d'émission d'appels.

Les campagnes de télémarketing de réception d'appels donnent les meilleurs résultats lorsqu'elles sont utilisées conjointement avec un autre média, comme les imprimés, la publicité radiodiffusée ou télévisée, ou le publipostage. Les prospects prennent connaissance de la campagne au moyen de ces médias, puis téléphonent pour y contribuer ou pour demander des renseignements supplémentaires. Ces campagnes donnent les meilleurs résultats, lorsque vous voulez rejoindre un grand nombre de donateurs éventuels, ou que le genre de publicité choisi atteint un vaste public.

Les campagnes de télémarketing d'émission d'appels visent davantage à joindre un public en particulier, comme les anciens étudiants d'une université ou les personnes d'une région géographique donnée. La Chambre de Commerce de

Montréal, par exemple, utilise le télémarketing pour accroître son membership dans la ville. Elle cible régulièrement des entreprises qui ne sont pas membres, d'abord en les sollicitant au moyen d'une campagne de publipostage, de publicité imprimée et de publicité radiodiffusée et télévisée. Au cours d'une de ces campagnes, les télévendeurs bénévoles ont effectué quelque 3 000 appels en trois jours, ce qui permit d'obtenir 1 200 nouveaux membres, soit 20 pour cent de plus que les objectifs fixés.

Une fois que vous avez réfléchi à ces questions, trouvé des solutions et déterminé la méthode qui sera utilisée, vous devez planifier votre campagne de télémarketing.

LA PLANIFICATION DU PROGRAMME

1. Formez une équipe dont les tâches consisteront à planifier, à coordonner et à appliquer le programme. Votre équipe doit compter des organisateurs de campagnes d'expérience, des conseillers en publicité et en promotion, des télévendeurs éventuels et des superviseurs.

Recherchez des bénévoles qui possèdent des talents précis. Si vous pouvez recruter des spécialistes, vous profiterez de leur expérience. Un des membres de la Chambre de Commerce de Montréal est un conseiller en télémarketing qui sait de quoi il retourne, et son aide fut précieuse.

2. Déterminez le marché cible. Votre marché se compose de trois types de donateurs : les donateurs actifs, les donateurs inactifs et les donateurs éventuels.

Les donateurs actifs sont ceux qui ont contribué régulièrement à votre cause et dont les noms figurent sur les listes de donateurs compilées par votre organisme. Ils constituent souvent votre meilleure source de soutien financier, mais également de bénévoles, de superviseurs et d'administrateurs.

Les donateurs inactifs ont déjà contribué dans le passé, mais n'ont pas renouvelé leur don depuis au moins un an. Là encore, vous devez avoir leurs noms dans les dossiers de votre organisme. Ces donateurs connaissent votre cause et y ont déjà contribué, et la plupart répéteront le geste.

Les donateurs éventuels sont ceux qui ne connaissent pas votre cause ou votre campagne, ou qui la connaissent mais n'y ont jamais contribué.

3. Planifiez la promotion. Il se peut que vous vouliez compléter votre campagne téléphonique par le publipostage, la publicité radiodiffusée et télévisée ou la publicité imprimée.

Si vous avez recours à la publicité directe, vous pouvez cibler un public précis ou destiner la campagne à un public plus vaste. Dans chaque cas, tentez de personnaliser les lettres. Les donateurs favorisent les demandes de fonds qui leur sont adressées adéquatement.

Mettez à l'essai votre campagne de publicité directe en envoyant un faible pourcentage de lettres, afin de déterminer le nombre d'employés nécessaires pour traiter les réponses qui vous parviendront.

La publicité dans les journaux et les magazines peut sensibiliser le public à votre campagne, en plus d'être la source de demandes de renseignements et de dons, surtout si les annonces présentent un numéro 800 sans frais.

Vous pouvez également sensibiliser les gens au moyen de la publicité radiodiffusée et télévisée. La télévision, en particulier, rehausse l'image de votre campagne, surtout si une personnalité connue comme Wayne Gretzky y participe.

Wayne Gretzky est grandement sollicité pour participer aux campagnes de financement. Au cours des dernières années, il a prêté son nom au Wayne Gretzky Celebrity Sport Classic, un tournoi de balle lente diffusé partout au pays et dont le profit est remis à l'Institut national canadien pour les aveugles. Pendant une des rencontres, un numéro 800 apparaissait fréquemment à l'écran (et y demeurait pendant au moins 15 secondes), en plus d'être répété par l'animateur. Parmi les participants, on compta Gordie Howe, Alan Thicke, Janet Jones et Stephen Foster qui, lorsqu'ils n'étaient pas en train de jouer, répondaient au téléphone.

4. Planifiez l'approche. Déterminez l'horaire de votre programme de télémarketing, choisissez entre un service-bureau ou une campagne maison, et décidez de la façon de choisir et de former votre personnel de télémarketing.

Horaire. Si vous exploitez un programme de télémarketing de réception d'appels, rappelez-vous que : 81 pour cent des appels à des numéros 800 par des personnes à la maison sont effectués entre 8 h et 18 h; 17 pour cent entre 18 h et 23 h; 92 pour cent sont effectués pendant la semaine; 5 pour cent le samedi, et 2 pour cent le dimanche. Établissez l'horaire de votre personnel en conséquence.

Dans le cadre d'un programme de télémarketing d'émission d'appels, il semblerait que les résultats sont médiocres avant 9 h, entre 18 h et 19 h, ou après 21 h.

Service-bureau ou programme maison. Un service-bureau peut alléger le fardeau administratif, et ses télévendeurs sont habituellement des professionnels adéquatement formés et compétents. Toutefois, ils sont *coûteux*.

Un centre maison, par contre, signifie que vous devez élaborer votre propre stratégie et recruter une équipe, sélectionner et former des télévendeurs et des superviseurs, coordonner la promotion, trouver des locaux pour mener la campagne, fournir un équipement téléphonique et un ameublement adéquats, créer et rédiger un scénario, et superviser les résultats. Si votre organisme est de petite taille, la tâche peut s'avérer trop énorme.

Sélectionner et former le personnel. Que vous ayez recours à des professionnels rémunérés ou à des bénévoles, choisissez soigneusement les télévendeurs de votre campagne. Il y va du succès ou de l'échec de cette dernière. Trouvez des gens dont l'articulation et le ton conviennent, et qui possèdent maturité, enthousiasme, chaleur, sincérité et expérience.

Lorsque vous formez les télévendeurs, renseignez-les sur l'historique de l'organisme et les objectifs de la campagne. Fixez-leur des buts précis à atteindre.

5. Planifiez et rédigez le scénario. Consultez la section
4.2 pour connaître les principes de rédaction d'un scénario.
En bref, vous devez rédiger un brouillon, l'enregistrer, le
réorganiser, le mettre en situation, le réécrire, puis le mettre
à l'essai auprès d'un petit groupe de donateurs éventuels. Un
bon scénario de télémarketing d'émission d'appels :

- s'assure que les télévendeurs parlent à la bonne personne;
- présente votre organisme et le but de votre appel de façon
  intéressante;
- permet aux télévendeurs de poser des questions aux
  donateurs, afin de déterminer leur niveau d'intérêt;
- met l'accent sur les avantages, pour le donateur, de contribuer;
- offre des moyens de répondre aux objections;
- effectue une demande de don directe;
- vérifie et résume les ententes et les engagements pris
  avec le donateur;
- remercie le prospect, que ce dernier ait contribué ou non.

Un bon scénario de télémarketing de réception d'appels :

- commence par remercier la personne d'avoir téléphoné;
- présente l'organisme et le télévendeur;
- demande de quelle façon le télévendeur peut aider
  l'appelant;
- résume les renseignements qui figurent sur la carte de
  souscription;
- vérifie et résume les ententes faites avec le donateur;
- remercie le prospect.

6. Assurez scrupuleusement un suivi. Le suivi peut
décider du sort de votre campagne de télémarketing.
Envoyez des cartes de souscription aux donateurs en moins
de 24 heures après le don, pendant que la motivation du
donateur est encore élevée. Envoyez des trousses d'information qui contiennent des cartes de souscription à ceux et celles
qui voulaient en savoir davantage sur votre groupe en moins

de 24 heures également. Incluez une enveloppe pré-adressée et affranchie.

Environ trois semaines plus tard, envoyez des lettres de rappel à ceux qui n'ont pas fait parvenir leur don. Si vous disposez de moyens suffisants, envoyez un total de trois lettres de ce type au cours d'une période de neuf ou dix semaines.

Des centaines de groupes sollicitent l'appui financier des consommateurs. Si vous planifiez et mettez en place soigneusement votre campagne de télémarketing, votre organisme a plus de chances de sortir gagnant.

5.4 LE PROFESSIONNALISME ET LE TÉLÉMARKETING

Il ne fait aucun doute que le télémarketing ouvre de nouvelles avenues aux entreprises canadiennes. Toutefois, les activités de quelques entrepreneurs malhonnêtes ont terni la réputation du télémarketing, et leur comportement risque d'en limiter considérablement la puissance et les possibilités. Les vrais professionnels, ceux qui respectent leurs clients et leurs prospects, doivent mettre un terme à ces pratiques dommageables.

Le public, qui n'est pas indifférent, a répondu à ce genre de pratiques en exigeant qu'on légifère en la matière, comme cela est le cas aux États-Unis.

L'EXPÉRIENCE AMÉRICAINE

Au cours des dernières années, les législateurs américains des différents niveaux de gouvernement se sont penchés attentivement sur l'industrie du télémarketing. De nouvelles règles sont proposées régulièrement, et les nombreuses lois existantes affectent l'industrie. Si la tendance se poursuit, l'industrie du télémarketing risque la paralysie. La situation aux États-Unis *nous* donne une bonne idée de ce qui peut arriver au Canada, étant donné que nos législateurs suivent de près les développements de nos voisins du Sud.

Les lois suivantes, en vigueur ou à l'état de projets aux États-Unis, reflètent la situation du télémarketing et des diverses questions qui y sont reliées.

SUJET : **Astérisque — Interdiction d'appeler.** Dans certains États, des lois permettent aux consommateurs d'indiquer qu'ils ne désirent pas recevoir d'appels de vente non sollicités. On a déjà voté une telle loi en Floride. Les contrevenants doivent verser une amende.

RAISON : **Respect de la vie privée.** Des gens d'affaires honnêtes qui lancent un programme de télémarketing bien conçu pour vendre un excellent produit ou service sont parfois si convaincus de la valeur de leur offre qu'ils oublient que certains clients éventuels peuvent ne pas être intéressés. Dans le cadre de programmes de télémarketing d'émission d'appels d'entreprise à consommateur, par exemple, il est important de se rappeler que les télévendeurs s'invitent effectivement chez le consommateur. Personne n'est tenu d'ouvrir la porte à un étranger, ni, de fait, de prêter l'oreille à un télévendeur. Tout télévendeur professionnel le sait et ne force jamais la note. Les clients ou les entreprises ont également le droit de refuser que leur nom figure sur une liste.

SUJET : **L'écoute téléphonique.** Les lois actuellement en vigueur dans divers États visent à limiter ou à éliminer le droit d'un superviseur d'enregistrer ou d'écouter les appels effectués par les télévendeurs. Dans certains États, il est interdit d'enregistrer une conversation sans le consentement des deux parties. Dans d'autres, la conversation enregistrée doit être périodiquement ponctuée d'un signal sonore.

RAISON : **Respect de la vie privée.** Bien que la pratique de l'écoute téléphonique des stagiaires soit courante au sein de l'industrie, certains croient qu'il s'agit d'une invasion de la vie privée. Les signaux sonores peuvent indisposer le télévendeur et le client, et même empêcher la bonne marche des affaires. L'interruption peut influer sur l'élocution des télévendeurs, leur débit et leur voix.

191

SUJET : Les listes. Comme vous l'avez vu, le succès d'un centre de télémarketing repose sur la qualité et la mise à jour des listes, lesquelles constituent la source des clients et, partant, des bénéfices éventuels. Aux États-Unis, les législateurs ont présenté des projets de loi qui limiteraient l'accès aux données qui figurent sur les listes à vendre ou à louer. En l'absence de certains renseignements, on ne peut segmenter adéquatement le marché.

RAISON : Le souci de la vie privée. Selon certains, la circulation de listes où figurent leur nom, adresse et numéro de téléphone constitue une invasion de la vie privée. De solides arguments nous permettent d'abonder dans ce sens. Néanmoins, toute loi qui en découle aura une influence sur le télémarketing. Ironiquement, les lois qui limitent l'accès aux listes pourraient augmenter le nombre d'appels des télévendeurs, car ces derniers devront procéder à l'aveuglette plutôt que de téléphoner à des personnes ciblées.

SUJET : Les appareils de composition automatique et de défilement de messages enregistrés / de composition et de défilement d'annonces automatiques. Ces appareils composent des numéros et défilent des messages enregistrés. De nombreux consommateurs ne veulent pas recevoir de messages enregistrés.

RAISON : La nuisance. Des problèmes survenaient, lorsque seul le destinataire raccrochait. Ce dernier ne pouvait effectuer ou recevoir d'appels avant la fin du message. La technologie nouvelle a réglé ce problème. Pour l'instant, toutefois, ces appareils ont été interdits dans certains États, et leur utilisation a été considérablement limitée dans d'autres.

SUJET : La fraude. Le nombre de télévendeurs frauduleux a crû en même temps que l'industrie du télémarketing. Ils ternissent la réputation des télévendeurs légitimes et de l'industrie en général.

RAISON : Le contrôle des imposteurs. Les lois et les projets de loi visent à définir les droits des consommateurs et à pénaliser les télévendeurs malhonnêtes.

Les télévendeurs probes reconnaissent que les réglementations doivent assurer le respect des normes. Mais dans quelle
mesure ces normes doivent-elles être légiférées? À la fin de 1989,
on estimait à 280 le nombre de projets de loi distincts en instance
relatifs au télémarketing aux États-Unis. Certains projets de loi
étaient justifiés (protéger les consommateurs contre la fraude),
tandis que d'autres étaient ridicules (légiférer le type de rem-
bourrage des chaises des télévendeurs). Les échanges commerciaux inter-États ont été perturbés par des chinoiseries
administratives. Par exemple, un télévendeur de l'Iowa peut-il
téléphoner à un prospect de Floride après 20 h? Une entreprise
de Syracuse peut-elle utiliser un appareil de composition et de
défilement d'annonces automatiques pour joindre un prospect
à Honolulu? La confusion semble régner.

L'industrie du télémarketing a toutefois réagi. Deux groupes
représentant l'industrie américaine de télémarketing, la Direct
Marketing Association (DMA) et l'American Telemarketing Association (ATA), ont défendu l'industrie partout aux États-Unis.
Les deux organismes publient des mises à jour relatives aux lois
actuelles et s'opposent activement à toute loi non justifiée qui
risque de nuire davantage à l'industrie.

Ils ont aussi joué un rôle important dans l'éducation des
consommateurs et des entreprises relativement au télémarketing professionnel. Par exemple, l'ATA a publié une brochure de
renseignements sur le télémarketing à l'intention des consommateurs, en plus de donner des conseils sur la façon de répondre
aux télévendeurs[1]. La DMA a également publié une série de
brochures portant sur les pratiques téléphoniques du marketing
à l'intention des entreprises qui oeuvrent en télémarketing[2]. Parmi les sujets abordés, on compte la communication
rapide du but de l'appel, les heures raisonnables, l'utilisation du
matériel automatique, la livraison rapide, les transactions avec
les personnes mineures, l'enregistrement des conversations et la

---

[1] *ATA Consumer Guidelines*, American Telemarketing Association Inc., 1988.
[2] "Guidelines for Telemarketing", The Direct Marketing Association Inc.

conformité avec les lois, les codes et les réglementations. Ces mesures pertinentes rehaussent l'image du télémarketing aux États-Unis et donnent l'exemple aux télévendeurs canadiens.

L'EXPÉRIENCE CANADIENNE

Au Canada, le télémarketing ne fait pas encore l'objet d'une législation aussi serrée qu'aux États-Unis, mais ce n'est qu'une *question de temps*. Un rapport publié par le Centre pour la promotion de l'intérêt public et commandité par le ministère de la Consommation et des Corporations présente les commentaires des consommateurs sur le télémarketing et fait plusieurs recommandations. On conseille notamment aux entreprises qui possèdent des succursales dans d'autres provinces de s'inscrire auprès du gouvernement fédéral; on recommande l'adoption de lois relatives à l'astérisque, l'imposition d'amendes lorsque les appels ne sont pas autorisés, l'allocation d'une période de réflexion aux consommateurs, afin que ces derniers aient le temps de reconsidérer leur décision, et la définition de périodes d'appels.

Un groupe de travail spécial à l'échelle fédérale, provinciale et territoriale a été formé pour traiter des questions relatives au télémarketing. Il se penche sur des sujets tels que l'invasion de la vie privée, la divulgation de renseignements douteux, les clauses relatives au service après-vente et les recours en cas de fraude. Des organismes touchés directement ou indirectement par le télémarketing participeront à la mise en pratique des mesures adoptées par le groupe. La mise sur pied du groupe peut constituer le point de départ d'une politique gouvernementale globale sur le télémarketing.

Le porte-parole de l'industrie canadienne de télémarketing est le Conseil de télémarketing de l'Association canadienne du marketing direct (ACMD), laquelle joue un rôle de premier plan. Cette dernière a coordonné l'alliance des organismes suivants :

Le ministère de la Consommation et des Corporations.
Le ministère assure la promotion et la protection des droits des consommateurs. Il recommande les mesures suivantes :

- l'adoption de techniques plus efficaces pour superviser les télévendeurs malhonnêtes et la possibilité d'avoir accès à certains recours pour les poursuivre en justice, le cas échéant;

- la cueillette plus efficace des statistiques sur les plaintes des consommateurs relativement au télémarketing;

- la recherche de moyens plus efficaces de communiquer les renseignements sur les tendances de la consommation et les attitudes du consommateur, pour en faciliter l'étude.

Telecom Canada. Cet organisme national composé des principales compagnies de téléphone au Canada a participé activement à la formulation des recommandations de l'ACMD. Les entreprises membres sont convaincues de l'importance du télémarketing professionnel et appuient vigoureusement l'alliance.

Le Conseil de la radiodiffusion et des télécommunications canadiennes (CRTC). L'organisme de réglementation régit les tarifs et les modalités d'utilisation des lignes téléphoniques en Ontario, au Québec, en Colombie-Britannique, en Nouvelle-Écosse, au Nouveau-Brunswick et dans les Territoires du Nord-Ouest. En vertu de la récente législation, ses pouvoirs peuvent s'étendre aux Prairies. Certains prédisent que le CRTC élaborera une politique nationale en matière de télécommunications, dont l'influence sur l'industrie du télémarketing sera importante. Actuellement, le seul règlement direct du CRTC ayant trait au télémarketing est un règlement émis en 1985, qui définit les normes relatives aux appareils de composition et de défilement d'annonces automatiques.

L'ACMD a encouragé le Conseil à partager les fruits de ses recherches sur les plaintes et les problèmes des consommateurs. L'Association sera alors en mesure de mettre à jour et d'appliquer son code de déontologie en télémarketing.

195

On discute actuellement de la façon d'intéresser d'autres groupes de consommateurs comme l'Association des consommateurs du Canada et d'autres organismes importants de services financiers à se joindre à l'alliance.

LE CODE D'ÉTHIQUE

Le Conseil de télémarketing de l'ACMD a également pris l'initiative de remanier son code de déontologie afin que celui-ci reflète les changements du marché. Voici la version la plus récente, publiée en novembre 1990.

Lorsqu'ils prennent part à un programme de télémarketing, les membres doivent faire preuve de franchise, de courtoisie, d'honnêteté et de professionnalisme, en obéissant aux dispositions suivantes :

1. Les membres doivent rapidement décliner leur identité et celle de l'entreprise qu'ils représentent au début de l'appel.

2. Les présentations téléphoniques doivent être claires et honnêtes. Aucune tentative ne doit être faite dans le but d'induire en erreur ou de donner une fausse impression, d'exagérer, de cacher la vérité et de prêter à toute tromperie, fraude ou prétexte fallacieux tels que jugés par le Conseil de télémarketing. (Par exemple, l'ACMD pénaliserait les télévendeurs qui se présenteraient comme des spécialistes des études de marché, alors qu'ils visent en réalité à effectuer une vente.)

3. Les membres doivent s'efforcer de respecter la vie privée du consommateur en téléphonant à des heures convenables. Le Conseil de télémarketing tient à ce que soit respecté l'horaire suivant pour les appels émis : de 9 h à 21 h 30 du lundi au vendredi, et de 9 h 30 à 21 h 30 les samedi et dimanche. Tout appel serait interdit les jours fériés.

4. Les appels de télémarketing ne doivent être effectués qu'auprès de clients dont les nom, adresse et numéro de téléphone figurent sur une liste.

5. Les membres doivent rayer de leurs listes les numéros de téléphone des clients qui en font la demande ou qui se sont inscrits au service téléphonique préférentiel.

L'ACMD a également élaboré une procédure disciplinaire contre les membres qui violent le code de déontologie. Si un consommateur se plaint, l'ACMD mènera une enquête. Si la plainte est fondée, et qu'il s'agit d'une première infraction, le membre de l'ACMD sera averti verbalement. Si une deuxième infraction se produit au cours de la même année, l'ACMD émet un avertissement écrit où est indiqué qu'une troisième infraction peut entraîner la perte des privilèges comme membre de l'ACMD.

Si un troisième incident se produit, l'ACMD annule l'adhésion du coupable et avise ses membres, le ministère de la Consommation et des Corporations ainsi que le Conseil canadien des bureaux d'éthique commerciale.

En outre, si le comité d'éthique du Conseil de télémarketing établit la preuve d'une «violation flagrante et délibérée», il peut recommander l'expulsion du coupable après seulement une plainte. La réadmission au sein de l'ACMD devra être approuvée et recommandée par le comité d'adhésion et le comité d'éthique du Conseil de télémarketing.

Ces mesures aident à créer et à promouvoir le professionnalisme en télémarketing. Les entreprises qui veulent mettre en place un centre de télémarketing devraient songer à se joindre à l'ACMD. En suivant les politiques et les principes de cette dernière, vous vous assurez que votre programme contribuera à l'acceptation du télémarketing par le public.

Ajoutons que le professionnalisme constitue également une bonne pratique commerciale. Il faut non seulement tenir compte des quotas de vente immédiats, mais aussi des rapports à long terme avec les clients et les prospects. Dans le feu de l'action, il peut être tentant de vendre un produit ou un service qui ne convient pas à vos clients. La perte des occasions d'affaires et du respect qui en résultera à long terme dépasse de loin le profit réalisé à court terme. Demandez-vous si le jeu en vaut la chandelle.

5.5 LE TÉLÉMARKETING DES ANNÉES 90

Dans cette dernière section, j'aimerais examiner de nouveau les applications principales du télémarketing, et voir comment et pourquoi elles s'accroîtront au cours des années 90.

LE TRAITEMENT DES COMMANDES

Bien qu'il s'agisse sans doute de l'application de télémarketing la plus simple, elle présente toutefois de grandes possibilités. La croissance fulgurante de l'utilisation des numéros 800 au cours des dix dernières années se poursuivra dans les années 90. Un des facteurs clés qui explique cette situation est le changement du style de vie des consommateurs. Un nombre croissant de foyers disposent d'un double revenu, ce qui signifie qu'un revenu disponible supérieur peut être appliqué à l'achat de biens d'une part, et, en deuxième lieu, que la demande de moments privilégiés s'est accrue.

Les ventes par publipostage et par catalogue continueront d'augmenter. Plutôt que d'affronter la circulation, de payer le stationnement, de se faire bousculer par la foule et de faire la queue pour être servis, un nombre grandissant de clients auront recours aux services de vente par correspondance et par catalogue. En outre, l'utilisation des lignes 800 facilitera la rapidité des services d'exécution qu'exigent les couples occupés.

Le processus de traitement des commandes sera amélioré à mesure qu'un nombre croissant d'entreprises examineront les avantages du marketing informatisé. On peut définir le marketing informatisé comme la saisie des données relatives à des clients actuels ou éventuels. Grâce à ces données, les responsables de marketing direct sont en mesure de délimiter des segments de marché et d'adapter leurs offres à des besoins précis. La délimitation de marchés au moyen des bons produits et services signifie également la distribution réduite de prospectus de toutes sortes qui irritent les consommateurs. Grâce aux bases de données, qui fournissent les renseignements appropriés aux personnes concernées, le traitement des commandes continuera à croître.

La technologie n'intimide pas les membres de la génération du «baby-boom» ni leurs enfants, qui ont grandi avec elle et en apprécient les atouts. La réticence initiale manifestée par le public envers le télémarketing s'estompe. Le traitement des commandes au moyen du téléphone ou de tout autre dispositif connexe comme le service de téléachats «Alex» offert par Bell Canada n'est pas inconnu des consommateurs d'aujourd'hui, et constitue plutôt une solution de rechange aux autres modes d'achat.

LE SERVICE À LA CLIENTÈLE

J'ai déjà abordé l'apparition et l'essor du service à la clientèle. Le télémarketing est un outil efficace pour améliorer un programme de service à la clientèle, et au cours des années 90, son utilisation atteindra sûrement de nouveaux sommets. La raison en est simple. Si les entreprises désirent servir leurs clients et s'assurer de leur fidélité, elles doivent avoir recours à des méthodes et à des procédures qui leur permettent d'agir rapidement et efficacement, et de se distinguer de leurs concurrents.

Le marketing informatisé et les autres technologies joueront un rôle crucial dans la croissance du service à la clientèle. Aux États-Unis, American Express utilise un réseau numérique à intégration de services (RNIS) pour améliorer son programme de service à la clientèle. Le RNIS permet à American Express d'afficher à l'écran l'enregistrement d'un client en précisant le numéro de téléphone de ce dernier. Avant même de répondre à un appel, l'agent d'American Express voit les données du client à l'écran.

Cela signifie que le service à la clientèle est plus rapide et plus personnel. Stanley Doors, une entreprise de Windsor (Ontario), a installé une ligne 800 pour offrir un service d'aide à ses clients qui éprouvent des difficultés lorsqu'ils installent eux-mêmes un ouvre-porte. Les économies réalisées par l'entreprise, qui n'a pas besoin d'envoyer (ou de garder en disponibilité) des réparateurs dans chaque ville, sont considérables. Détaillant et client en tirent également profit.

L'utilisation du télémarketing dans le cadre d'une application de service à la clientèle signifie également l'acquisition de nouveaux marchés, comme le démontre l'exemple de Stanley Doors. À mesure que la concurrence s'accentue et que les marchés s'élargissent géographiquement, le besoin de servir les clients et de s'assurer de leur fidélité deviendra primordial. La technologie a également un rôle à jouer dans ce contexte. Des innovations comme le transfert électronique de données signifient que les documents pourront être envoyés électroniquement au moyen de lignes en câble. Sur le plan du service à la clientèle, les modifications apportées à des contrats, à des projets ou à des ententes peuvent être envoyées presque instantanément.

Étant donné l'augmentation des coûts d'acquisition d'un nouveau client, le télémarketing offre un moyen de s'assurer de la fidélité de la clientèle. Les programmes de recherche de soutien technique ont démontré que le fait de permettre aux clients de formuler leurs plaintes constituait l'un des éléments clés pour garder ces derniers[3]. Les études menées dans le cadre de ces programmes indiquent que les clients dont la plainte a été réglée sont, en fait, plus fidèles que ceux qui n'ont jamais éprouvé de difficulté.

Toutefois, les clients hésitent à se plaindre. Les études ont démontré que seulement 5 pour cent des clients formulent une plainte qui dépasse le niveau de la supervision. Le phénomène ne constitue que la pointe de l'iceberg. En effet, la majorité des clients ne se plaignent pas, mais s'adressent ailleurs. Et dans les deux cas, la réputation de votre entreprise peut en souffrir.

---

[3] John H. Goodman, "Enhancing Corporate Profits Via Effective Customer Service", (Technical Assistance Research Programs, March 1990). Causerie prononcée dans le cadre du Telemarket Place (Toronto), mars 1990.

Les entreprises canadiennes doivent prouver leur engagement envers le service à la clientèle au moyen du publipostage, de la publicité imprimée ou d'autres médias de marketing direct. Donner l'occasion aux clients de répondre fait partie de cet effort. Le véhicule logique est une ligne 800, qui permet au consommateur de formuler une plainte ou de faire part d'un problème, sans frais. Si votre entreprise encourage les clients à communiquer leurs plaintes et recueille les données le cas échéant, elle aura l'occasion de satisfaire le consommateur et de développer de nouveaux produits ou services propres à l'intéresser.

Custom Cheques, une entreprise de Winnipeg, téléphone à ses clients au moins deux fois par année, afin de connaître leurs impressions et leurs attitudes. Au cours d'une étude de marché, Custom Cheques a appris que son bon de commande était trop grand et trop compliqué à remplir. On élimina l'inconvénient en concevant un nouveau bon, afin de répondre aux besoins des clients.

Cette application de télémarketing requiert un personnel éduqué et dynamique, mais non autoritaire. On assiste à l'apparition d'un nouveau genre de représentants du service à la clientèle, qui peuvent répondre aux besoins des clients. À l'heure actuelle, les représentants de Xerox débutent leur carrière au service à la clientèle. Selon Xerox, le but de l'entreprise est de servir le client, et les représentants ne peuvent y parvenir efficacement que s'ils comprennent les besoins de la clientèle.

LA GESTION DE L'ENCAISSE

Étant donné la concurrence accrue à l'échelle locale, nationale et internationale, et quel que soit le segment de l'industrie, il importe de conserver sa clientèle, mais il est tout aussi nécessaire de maintenir une encaisse solide. (Certainement en période de récession, lorsque les consommateurs et les entreprises se serrent la ceinture.)

Le recouvrement des comptes en souffrance est essentiel à la santé de l'encaisse, mais de nombreuses entreprises y voient là une tâche déplaisante. Par conséquent, peu d'entre elles s'en acquittent bien. Au cours des années 90 toutefois, on assistera à la combinaison des programmes de gestion de l'encaisse et des techniques de service à la clientèle. Si, par exemple, vous avez consenti un terme de 30 jours à l'un de vos clients, il faut effectuer un appel de service après vingt jours. L'appel permet de vérifier que les biens ont été reçus en bon état, que la facturation était correcte et que problèmes ou plaintes ont été formulés. Vous servez activement le client, et ce dernier l'appréciera. Ce faisant, vous éliminez également la plupart des excuses classiques invoquées par les entreprises pour retarder le paiement. En programmant une série d'appels courtois et effectués dans le cadre du service à la clientèle, vous redressez la situation.

Le recouvrement téléphonique des comptes en souffrance réussit pour la même raison qu'un appel réussit, quelle que soit l'application : il établit un dialogue avec la bonne personne, au moment opportun. Dans les années 90, l'attitude adoptée lors des appels de recouvrement des comptes en souffrance marquera toute la différence. Les mesures draconiennes sont désuètes.

Les programmes de gestion de l'encaisse seront également accrus à la faveur de la technologie. Les composeurs prédictifs, comme l'exemple du Centre financier Household l'a démontré, permettront la programmation des appels selon les variables que vous choisissez, en plus d'éliminer les pertes de temps coûteuses reliées aux écritures et à l'administration. Un rendement accru de l'ordre de 200 pour cent n'est pas rare.

En outre, lorsque vous effectuez des appels de recouvrement, vous avez l'occasion d'en apprendre davantage sur vos clients, sur les difficultés qu'ils éprouvent lors de l'utilisation de votre produit ou service et sur les façons de mieux les servir. Ces renseignements peuvent jouer un rôle important dans la mise au point de nouvelles méthodes destinées à assurer la fidélité de la clientèle.

LE SUPPORT À LA VENTE

Il s'agit d'une autre application qui connaîtra un essor dans les années 90. La globalisation des marchés entraîne également le besoin de délimiter le marché à percer. Le marketing de créneaux deviendra une véritable science, comme le démontrent les nombreuses études de marché. Rappelez-vous l'exemple de Polysar, présenté à la section 1.3, qui a eu recours à des étudiants de la coopérative universitaire pour téléphoner à des clients aux quatre coins du monde dans le cadre d'un programme qui visait à analyser le marché du latex. L'enquête avait pour but de déterminer si les clients, les fournisseurs et les autres professionnels de l'industrie avaient des suggestions à formuler sur l'utilisation du latex. À partir des données recueillies, Polysar veut mettre au point de nouveaux produits et développer de nouveaux marchés.

Selon McGraw-Hill[4], le coût d'une visite industrielle sur le terrain peut dépasser 250 $ (US). Ce chiffre varie évidemment selon l'industrie, l'emplacement, le produit, etc. En raison de l'accroissement du prix du carburant, le coût d'un déplacement continue de grimper. En outre, le nombre de visites nécessaires pour conclure une vente augmente également. Il y a environ 10 ans, la conclusion d'une vente requérait 4,3 visites en moyenne; ce nombre s'élève à 6,5 à l'heure actuelle[5]. L'augmentation est attribuable à la croissance de la concurrence, et le rôle du télémarketing fut significatif. À mesure que le marché se resserre, les représentants des ventes et les télévendeurs entrent davantage en communication avec les gens d'affaires, lesquels doivent examiner un nombre accru d'options.

---

[4] Laboratory of Advertising Performance, "Cost of an Industrial Sales Call", (Chicago, McGraw-Hill Publications, 1985).
[5] Rudy Oetting, "Planning, Objective Setting, Measuring Costs and Results." Causerie prononcée dans le cadre du Telemarket Place (Toronto), mars 1990.

En même temps qu'augmente le coût de faire appel à un représentant des ventes et que les entreprises rationalisent leurs services de vente, l'utilisation des télévendeurs aux fins de recherche de prospects et de fixation de rendez-vous s'accroît.

En matière de support à la vente, les entreprises déploieront davantage d'efforts pour renseigner la clientèle, ce qui réduira les besoins en temps et en argent associés à l'envoi d'un représentant. On aura de plus en plus recours à des vidéos d'information pour améliorer les activités de soutien à la clientèle, et au téléphone comme lien interactif entre l'entreprise et ses clients.

LES VENTES DIRECTES

Il ne fait aucun doute que les applications du télémarketing d'émission d'appels et des ventes directes connaîtront une croissance extraordinaire.

La façon dont les ventes sur le terrain sont menées fait déjà l'objet de changements importants. Le représentant des ventes n'est plus seulement un représentant des «ventes», mais un «conseiller» qui consacre son temps à comprendre tous les aspects de l'entreprise et de l'industrie d'un client. En conséquence, les cycles de ventes peuvent durer jusqu'à deux ans. On met l'accent sur les résultats à long terme et sur les clients qui assureront le rendement des investissements le plus important.

Pour l'instant, il faut encore desservir les clients de moindre importance. Un bon programme d'appels périodiques combiné avec une campagne de publipostage ou d'autres activités de marketing direct constitue un moyen rentable de conclure des ventes auprès des clients et de les servir. Tel qu'indiqué précédemment, il n'est plus nécessaire d'entretenir des rapports aussi personnels avec les clients qu'autrefois. Un programme d'appels, coordonné avec le cycle d'achat d'un client, vous assure une présence lorsque se prennent les décisions d'achat. Ici encore, les moyens technologiques (composeurs prédictifs, logiciels, ordinateurs) joueront un rôle.

Les occasions du télémarketing augmentent également dans le domaine des ventes périphériques à des clients importants. Dans l'industrie de pointe, par exemple, un client a habituellement recours à un conseiller pour acheter un processeur central d'un demi-million de dollars. Toutefois, cette aide n'est pas nécessaire (et, habituellement, non disponible), lorsqu'il s'agit de matériel additionnel comme des imprimantes, des postes de travail et des terminaux. Les représentants des ventes internes peuvent améliorer le travail des représentants externes grâce à la vente périphérique. Ce type de vente entraînera une utilisation croissante des catalogues commerciaux, et, bien sûr, du service 800.

Les Japonais prédisent qu'ils auront mis au point des modèles fonctionnels de traducteurs vocaux d'ici la fin du siècle. En d'autres termes, les gens d'affaires canadiens pourront transmettre leurs messages de vente en anglais, lesquels seront traduits en japonais, et la réponse en japonais sera traduite à son tour en anglais. Par conséquent, il se peut qu'on assiste à la tombée des barrières linguistiques et à l'ouverture de nouveaux marchés auxquels les entreprises pourront s'attaquer au moyen du téléphone et d'autres technologies connexes.

On prévoit que d'ici l'an 2000, plus d'un million de Canadiens travailleront en télémarketing. Toutefois, en raison de l'énorme demande pour des travailleurs dans chaque secteur commercial, l'industrie du télémarketing affrontera une concurrence vive, non seulement pour trouver des télévendeurs compétents, mais encore pour les conserver.

Il faut donc commencer à mettre des méthodes à l'épreuve en vue d'améliorer la productivité et d'accroître la satisfaction professionnelle. Les ventes de logiciels de télémarketing monteront en flèche au cours des cinq prochaines années, car un nombre grandissant d'entreprises découvriront les avantages de l'automatisation de leurs programmes de télémarketing. Les télévendeurs apprécient les avantages de la technologie; les tâches routinières telles que la composition des numéros et la récupération des données dans des classeurs

sont éliminées. Cela se traduit par une meilleure rémunération, car s'ils ont davantage de temps à leur disposition pour
téléphoner, ils peuvent obtenir des primes supplémentaires.

Il faut être à l'avant-garde, si l'on veut attirer les bonnes
personnes. Il y a environ 10 ans, Alvin Toffler, dans son
ouvrage intitulé *La troisième vague*, prédisait la croissance du
travail à la maison plutôt qu'à l'extérieur. À l'époque, cela
relevait du rêve, mais de nos jours, nous disposons des outils
nécessaires au travail à la maison. Par exemple, les appels de
suivi d'une campagne de publipostage peuvent être effectués
depuis le domicile; les données sur les clients peuvent être
communiquées par ordinateur du bureau au domicile; des
logiciels peuvent servir à la programmation et à la cueillette de
données; les télécopieurs peuvent transmettre l'information
immédiatement. En outre, grâce à la supervision par l'écoute
(trunk monitoring), un superviseur peut écouter, depuis son
bureau, un appel effectué par un télévendeur qui travaille à
son domicile. Par conséquent, la formation au téléphone peut
être assurée régulièrement, peu importe le lieu de travail du
télévendeur.

La situation offre des avantages tangibles. Les entreprises
peuvent attirer des gens qui ne veulent pas se déplacer, qui
fondent un foyer et qui désirent travailler à temps partiel. Les
cas d'épuisement professionnel sont moins nombreux, et le
rendement est plus élevé. De plus, les avantages sociaux de
l'entreprise, les frais généraux et l'absentéisme décroissent.
En outre, il existe des avantages universels, comme la diminution de la pollution de l'air. Extravagant et futuriste? Peut-
être il y a 10 ans, mais plus maintenant.

Enfin, bien qu'il n'ait été touché qu'indirectement, le
marché lui-même est en train de changer. Au cours des
années 90, l'accord de libre-échange entre le Canada et les
États-Unis présentera des occasions et des défis aux entreprises
canadiennes. L'Europe de 1992 deviendra bientôt une réalité,
et il se peut que le Mexique se joigne au Canada et aux États-
Unis dans un accord de libre-échange continental. L'Australie
et la Nouvelle-Zélande ont créé de nouveaux liens économiques. Bref, le marché se globalise.

Bien qu'on ne puisse encore saisir toute l'ampleur des bouleversements, il ne fait aucun doute que la façon de mener des activités commerciales changera au Canada. Pour survivre, de nombreuses entreprises devront explorer de nouveaux marchés à l'étranger. Le télémarketing constitue le choix logique pour les aider à surmonter les obstacles créés par la distance et par le temps.

Les années 90 seront celles du télémarketing, et il est temps d'en examiner les répercussions sur votre entreprise.

BIBLIOGRAPHIE

AMERICAN TELEMARKETING ASSOCIATION INC. *ATA Consumer Guidelines*, 1988. ATA, 500 Van Nuys Blvd., Suite 400, Sherman Oaks, CA 91403.

BELL CANADA, "Direct Marketing Venture Business Plan." Ottawa: Bell Canada, 1986.

BENCIN, Richard L. et Donald J. JONOVIC, éd. *Encyclopedia of Telemarketing*. Englewood Cliffs, N.J.: Prentice-Hall, 1989.

BROWN, Stanley A., Mavin B. MARTENFELD et Alan GOULD. *Creating the Service Culture Strategies for Canadian Business*. Scarborough: Prentice-Hall Canada, 1990.

BURNS, Michael R. *Telemarketing: Setting Up For Success*. Norwalk, CT: Technology Marketing Corporation, 1987.

DIRECT MARKETING ASSOCIATION INC. "Guidelines for Telemarketing." Documents disponibles au DMA, Att. Ena Nunez, 11 West 42nd St., New York, NY 10036-8096.

DUBOIS, Pierre-Louis et Patrick NICHOLSON. *Le Marketing Direct Intégré*. Chotard et associés éditeur, 1987.

FIDEL, Stanley Leo. *Start-Up Telemarketing: How to Launch a Profitable Sales Operation*. New York: John Wiley & Sons, 1987.

FISHER, Peg. *Planning Telephone Sales Handbook for Distributor Management*. Racine, WI: Peg Fisher & Associates, 1989.

GARSON, Barbara. *The Electronic Sweatshop*. New York: Penguin Books, 1988.

GOODMAN, Dr. Gary S. *Gary Goodman's Breakthroughs in Telemarketing*. Englewood Cliffs, N.J.: Prentice-Hall, 1987.

— *Winning by Telephone: Telephone Effectiveness for Business Professionals and Consumers*. Englewood Cliffs, N.J.: Prentice-Hall, 1982.

GSCHWANTDNER, Gerhard et Dr. Donald J. MOINE. *The Sales Script Book*. Fredricksburg, VA: Personal Selling Power, 1986.

KATZ, Bernard. *How to Turn Customer Service into Customer Sales*. Lincolnville, IL.: NTC (National Textbook Company) Business Books, 1990.

KAUFFMAN, Ronald S. *Future Sell: Automating Your Sales Force*. Boulder, CO: Cross Communications Company, 1990.

LEVINSON, Jay Conrad. *Guerilla Marketing*. Boston: Houghton Mifflin, 1984.

LABORATORY OF ADVERTISING PERFORMANCE. "Cost of an Industrial Sales Call." Chicago: McGraw-Hill, 1985.

LEVITT, Theodore. *The Marketing Imagination*. London: The Free Press, Collier Macmillan, 1983.

— "Marketing Success Through Differentiation." *Harvard Business Review* (Jan.-Feb. 1980): 83-91.

LJUNGREN, Roy G. *The Business-to-Business Direct Marketing Handbook*. New York: AMACOM (American Management Association), 1989.

MARSHALL, Judith J., et Harrie VRENDENBURG. "Successfully Using Telemarketing in Industrial Sales." *Industrial Marketing Management*, Vol. 17, No. 1, February 1988.

McCAFFERTY, Thomas. *In-House T-E-L-E Marketing: A Master Plan for Starting and Managing a Profitable Telemarketing Program.* Chicago: Probus Publishing, 1987.

McHATTON, Robert J. *Total Telemarketing.* New York: John Wiley & Sons, 1988.

NAISBITT, John et Patricia ABURDENE. *Megatrends 2000.* New York: William Morrow and Company, 1990.

NASH, Edward L. *Direct Marketing Strategy — Planning — Execution.* 2e édition. New York: McGraw-Hill, 1986.

NOVICH, Martin M. *Success On Line: The ABCs of Telephone Selling.* New York: AMACOM (American Management Association), 1989.

PETITE, Anne. *The Manager's Guide to Service Excellence: The Fine Art of Customer Service.* Toronto: Summerhill Press, 1989.

POPE, Jeffrey. *Business-to-Business Telemarketing.* New York: AMACOM (American Management Association), 1983.

POULIN, Paul. *Le marketing direct. Cibler - Prospecter - Vendre.* Éditions TRANSCONTINENTAL, 1989.

ROMAN, Ernan. *Integrated Direct Marketing.* New York: McGraw-Hill, 1988.

ROMAN, Murray. *Telemarketing Campaigns That Work!* New York: McGraw-Hill, 1983.

SCHLENKER, Barry. *Telemarketing Intelligence 1987.* Morganville, N.J.: Schlenker Research Services, 1987.

SEGAL, Jonathan A. et Janet B. ALLEN. *Telephone Fund Raising.* New York: Plenum Press, 1987.

STONE, Bob. *Successful Direct Marketing Methods.* 4ᵉ édition. Lincolnville, IL.: NTC (National Textbook Company) Business Books, 1989.

STONE, Bob et John WYMAN. *Successful Telemarketing Opportunities and Techniques for Increasing Sales and Profits.* Lincolnville, IL.: NTC (National Textbook Company) Business Books, 1986.

TELECOM CANADA. "Direct Marketing in Canada." Ottawa: Telecom Canada, juin 1990.

TELEMARKETING MAGAZINE. *Telemarketing's 100 Do's and Don'ts.* The Staff of Telemarketing Magazine. Norwalk, CT: Technology Marketing Corporation, 1986.

TOFFLER, Alvin. *La troisième vague.* Paris, éditions Denoel, 1982.

WALTHER, George R. *How to Make the Telephone Your Most Profitable Business Tool.* New York: G.P. Putnam's Sons, 1986.

WASHBURN, Stewart A. *Managing the Telemarketing Functions: The Challenge of Customer-Centered Enterprise.* New York: McGraw-Hill, 1989.

WEITZEN, H. Skip. *Telephone Magic: How to Tap the Phone's Marketing Potential in Your Business.* New York: McGraw-Hill, 1987.